이지원의

# 이지 재즈 화성

**이지원의**

# 이지 재즈 화성

초판 1쇄 발행 2025년 7월 7일 펴냄
이지원 지음

**펴낸곳**  모노폴리
**발행인**  강정미
**대  표**  배상연
**편  집**  신동욱
**마케팅**  김민수

**출판등록**  2005년 8월 9일 제2005-48호
**주     소**  경기도 파주시 회동길 480 아트팩토리 B동 437호
**대표전화**  031-944-6692
**팩시밀리**  031-944-6693
**홈페이지**  www.mpmusic.co.kr

ⓒ 이지원
ISBN 978-89-91952-92-8 (13670)

성공적인 셀프 스터디

이지원의

# 이지 재즈 화성

이지원 지음

모노폴리

# 서문

음악은 단순한 소리의 나열을 넘어, 감정과 사고, 그리고 예술적 의도를 담아낼 수 있는 고유한 언어입니다. 이 언어는 연주자와 청중 사이에 깊은 공감과 소통을 가능하게 하며, 때로는 말로는 표현하기 어려운 내면의 진실을 음악으로 드러낼 수 있게 해줍니다. 음악 전공을 준비하는 학생뿐 아니라 취미로 음악을 배우는 일반인이라도, 이 언어의 본질을 이해하고 체계적으로 익히는 것이 무엇보다 중요합니다.

음악적 표현은 감성만으로 완성되지 않습니다. 음악의 구성 원리와 이론적 토대를 명확히 이해하고 있어야만, 자신이 표현하고자 하는 음악을 보다 논리적이고 설득력 있게 전달할 수 있습니다. 이 책은 음악을 배우고자 하는 학생들이 반드시 알아야 할 기초 이론을 중심으로 구성하였으며, 실기에서 이론적 기반이 왜 중요한지를 체감할 수 있도록 돕는 것을 목표로 합니다.

총 여섯 개의 챕터로 구성된 이 책은, 음악의 기초가 되는 악전과 기보법부터 시작하여, 음계, 화음과 화성, 모드(선법), 그리고 다양한 스케일까지 폭넓게 다루고 있습니다. 각 주제는 실제 음악 이론에서 자주 다루어지는 내용들을 중심으로 설명하였으며, 이론을 단순히 암기하는 데 그치지 않고 실질적인 이해와 응용이 가능하도록 구성하였습니다. 특히 각 챕터 말미에는 실전 감각을 기를 수 있도록 실습 문제를 수록하여, 이론을 실제 문제 해결 능력으로 연결하는 데 도움이 되도록 하였습니다.

음악을 배워가는 과정은 처음엔 조금 낯설고 어렵게 느껴질 수도 있습니다. 하지만 이 시간은 음악을 더 깊이 이해하고, 내 안의 감정을 소리로 표현할 수 있는 소중한 시작점이기도 합니다. 이 책이 단순한 이론서가 아니라, 음악의 흐름과 원리를 이해하고 스스로 생각하며 즐길 수 있도록 도와주는 친절한 길잡이가 되기를 바랍니다.

음악이라는 언어는 여러분의 손끝과 마음을 통해 더욱 깊이 있게 울릴 수 있습니다. 이 책을 통해 그 언어의 기초를 탄탄히 다지고, 자신만의 예술적 색채를 표현해낼 수 있도록 성장해 가길 진심으로 응원합니다.

2025년 여름
이지원

# 차례

# Chapter 1

# 악전(Musical Grammar)

음악을 이해하고 연주, 공유, 기록하기 위해 필요한 약속이나 규칙을 '악전'(Musical Grammar)이라 합니다. 누군가와 대화하고 생각을 나누고 마음을 표현하고 기록할 때 서로 알고 있는 공통된 언어를 사용하듯, 음악으로 소통하고 작품을 기록하고 같은 곡을 함께 연주하기 위해서는 음악의 언어인 악전을 알아야 합니다.

아주 옛날로 거슬러 올라가면 저마다의 다양한 기호로 소리와 리듬, 화성을 기록했으나 지금에 와서는 오선 위에 음표, 쉼표로 음의 높이와 길이를 표시하는 오선 기보법을 주로 사용하고 있습니다.

이 장에서는 오선(Staff), 자리표(Clef), 조표(Key), 음표와 쉼표(Note & Rest) 등 기초적인 음악의 언어들을 배우도록 합니다.

## 1 오선(The Staff)

음의 높낮이와 길이를 표시할 때에는 다섯 개의 줄 위에 나타내는데 이 줄을 '오선'(Staff)이라 합니다. 5개의 줄(Line)과 4개의 칸(Space)으로 구성되어 있고 동그란 음표(Note)를 줄 위나 칸 안에 그려 악보를 그립니다.

[줄과 칸]

[음역대]

오선 위에 음표를 그려 음의 높낮이(pitch)를 나타냅니다.

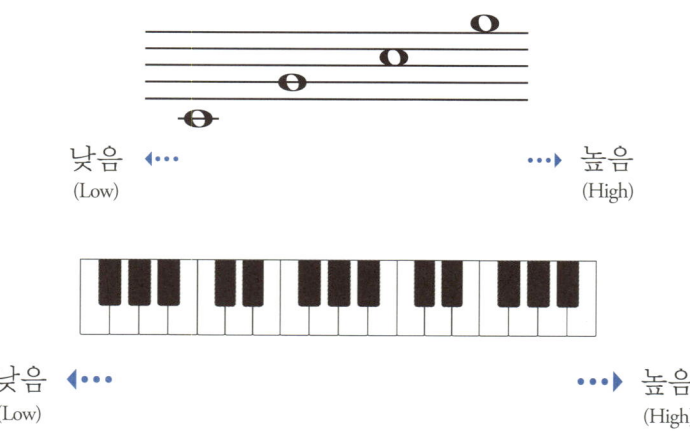

[덧줄, 덧칸]

이 다섯 줄(오선)을 벗어난 곳의 음은 덧줄(가선, ledger line)을 그려 표현합니다.

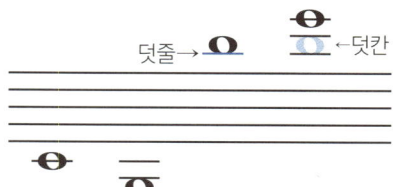

## ② 음자리표(The Clef)

오선의 맨 앞, 첫머리에 놓여 악기의 음역에 따른 음의 높이를 결정하는 기호를 '음자리표'(Clef)라고 하며, 현재 세 종류의 음자리표가 사용되고 있습니다.

### 높은음자리표(G Clef, Treble Clef)

곡의 멜로디를 그리는 데 가장 많이 사용되는 자리표로 '높은음자리표'라고 합니다. 시작점이 G음(pitch)에서 시작한다고 하여 G Clef 또는 '높은 음'의 의미인 'Treble'이란 단어를 사용하여 Treble Clef라고 합니다. 성부 합창의 경우에는 소프라노(Soprano), 알토(Alto) 파트를 그리는데 사용합니다.

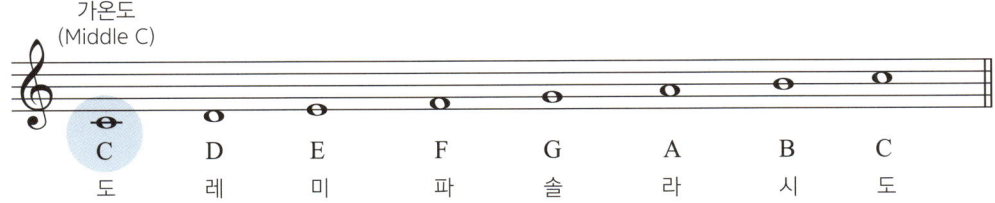

## 낮은음자리표(F Clef, Bass Clef)

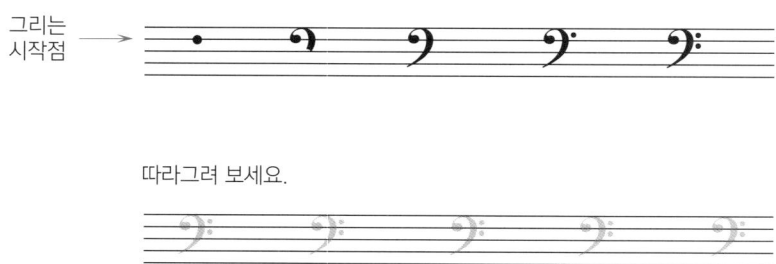

그리는
시작점 →

따라그려 보세요.

피아노 악보의 왼손 또는 베이스 악기의 기보에 사용되는 자리표로 '낮은음자리표'라고 합니다.
시작점이 F음(pitch)에서 시작한다고 하여 F Clef 또는 '낮은음'의 의미인 Bass 단어를 사용하여
Bass Clef라고 합니다. 성부 합창에서는 테너(Tenor)와 베이스(Bass) 파트를 그리는데 사용합니다.

가온도
(Middle C)

| C | D | E | F | G | A | B | C |
|---|---|---|---|---|---|---|---|
| 도 | 레 | 미 | 파 | 솔 | 라 | 시 | 도 |

## 가온음자리표(C Clef, Alto Clef)

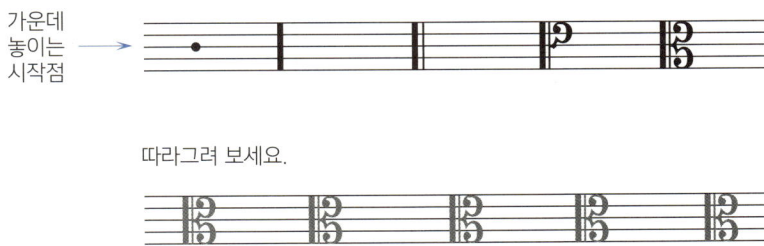

가운데
놓이는
시작점

따라그려 보세요.

'가온음자리표'는 3자 모양의 가운데 중심 부분이 "C"가 되는 음자리표로 오케스트라의 악보에서 볼 수 있으며 비올라(viola) 악기의 기보에 사용됩니다.

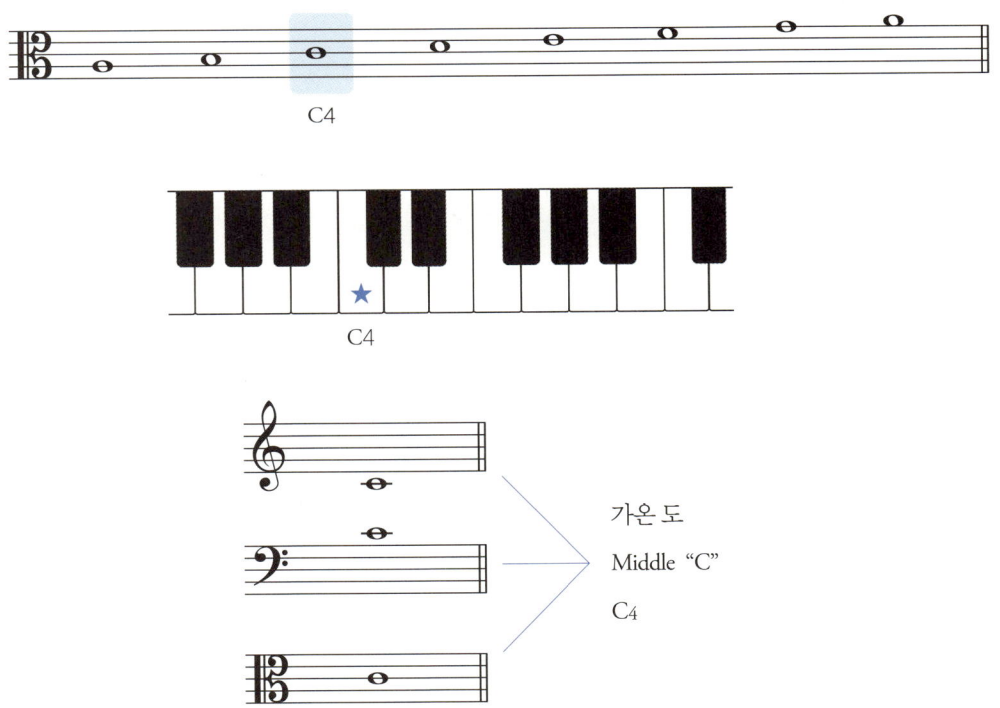

C4

C4

가온 도
Middle "C"
C4

피아노 중앙의 도(가온 도)를 세 가지 자리표에 그려 보면 위와 같습니다. 같은 음이지만 자리표에 따라 기보 방법이 달라집니다.

**작은보표(Short Staff)**

하나의 악기 또는 한 성부를 위한 하나의 오선으로 이루어진 보표를 작은보표라고 합니다.

**대보표(Grand Staff)**

대보표는 높은음자리표와 낮은음자리표를 하나로 묶어 세로줄로 연결한 보표입니다. 피아노, 오르간, 하프나 혼성 합창 악보 등에 사용됩니다.

---

⭐ 세 가지의 자리표 중 높은음자리표와 낮은음자리표의 악보 표기와 읽기는 반드시 잘 알아두어야 합니다.
피아노, 합창, 단선 노래 악보에서는 이 두 자리표를 사용하므로 글씨를 틀리지 않고 빨리 읽듯이 악보 읽기도
정확하고 빠르게 보고 소리내는 것이 중요합니다.

## 1. 다음 음표의 이름을 쓰세요

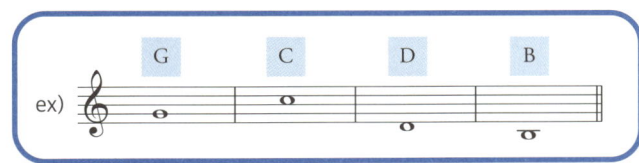

1)

2)

3)

4)

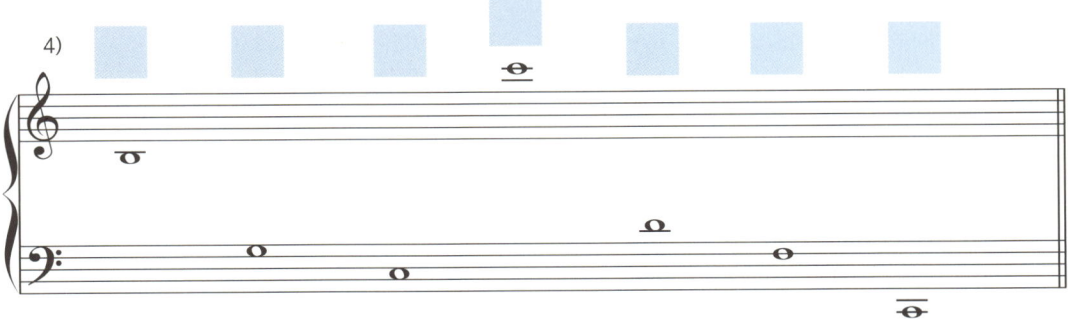

## ③ 임시표(The Accidentals)

임시표

음의 높이를 올리고 내리며 변화를 주는 기호를 '임시표'(변화표, accidentals)라고 하며 ♯, ♭, ♮이 있습니다.

임시표의 설명에 앞서 먼저 알아야 할 내용은 반음 / 온음에 대한 이해입니다. 피아노 건반으로 보면 바로 옆 건반을 반음, 옆옆 건반의 간격을 온음이라 합니다.

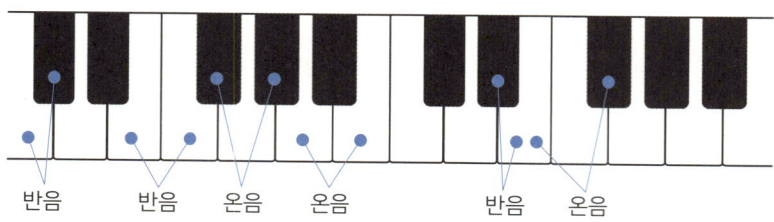

반음 = Half Step = 단2도 = semitone

온음 = Whole Step = 장2도 = Wholetone

♯ (Sharp, 샵)은 반음을 올리고, ♭ (Flat, 플랫)은 반음을 내리며, ♮ (Natural, 내츄럴)은 앞에서 연주했던 ♯, ♭을 삭제하는 의미의 기호입니다.

| ♯ | 올림표 | Sharp | 반음 올림 | Play the note half Step higher |
|---|---|---|---|---|
| ♭ | 내림표 | Flat | 반음 내림 | Play the note half Step lower |
| ♮ | 제자리표 | Natural | 앞의 임시표 취소 | Play the note without ♯ ♭ |
| ✕ | 겹올림표 | double Sharp | 온음(반+반) 올림 | Play the note whole step higher |
| ♭♭ | 겹내림표 | double Flat | 온음(반+반) 내림 | Play the note whole step lower |

겹올림표, 겹내림표는 악보 읽기에 시간이 걸리고 어렵게 느껴지므로 특별한 이유가 있지 않다면 자주 사용하는 것을 권하지 않지만, 클래식 악보에서는 사용되는 경우가 가끔 있으므로 그 내용은 잘 알고 있어야 합니다.

♯, ♭은 오선의 앞부분 자리표 뒤에 놓여 조성을 나타내며,

음표 앞에 놓여 일시적으로 음의 높이를 올리거나 내립니다.

또한 음표 앞에 붙은 ♯, ♭, ♮은 그 한 마디 안에서만 유효합니다.

예시 1

더블샵( ⁑ ), 더블플랫( ♭♭ )은 실용음악보다 조성을 강조하는 클래식 음악에서 많이 사용됩니다.

예시 2

예시 3

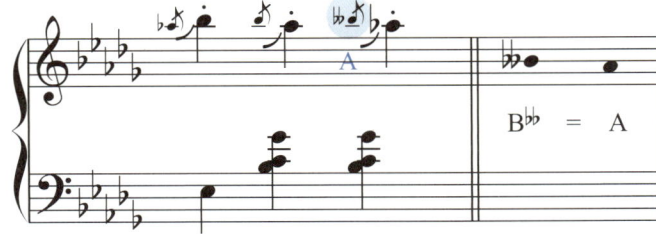

## 이명동음

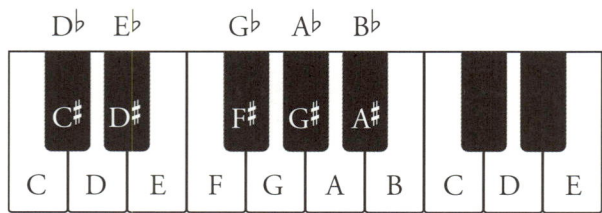

위 건반의 C♯ = D♭, F♯ = G♭ 처럼, 들리는 소리는 같지만 음이름을 다르게 부를 수 있는데, 이 것을 '이명동음'(Enharmonics, 딴이름한소리)이라고 합니다. 어느 것이 더 좋다 할 수 없고, 조성과 앞뒤음의 연결에 따라 악보 읽기에 더 수월한 표기로 선택하여 사용합니다.

## 문제

1. 다음 음표의 이름을 쓰세요.

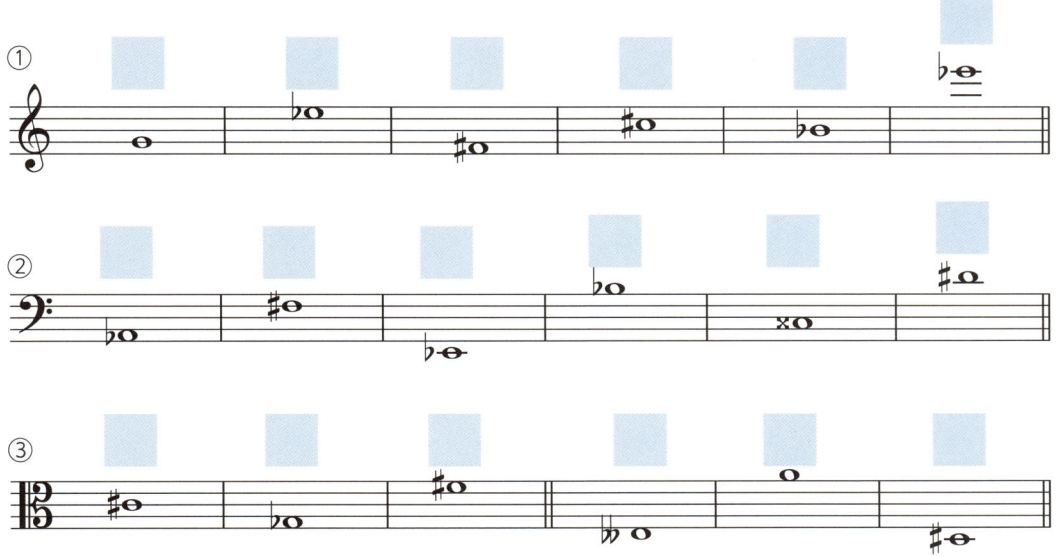

2. 다음 주어진 음이름을 오선 위에 그려보세요.

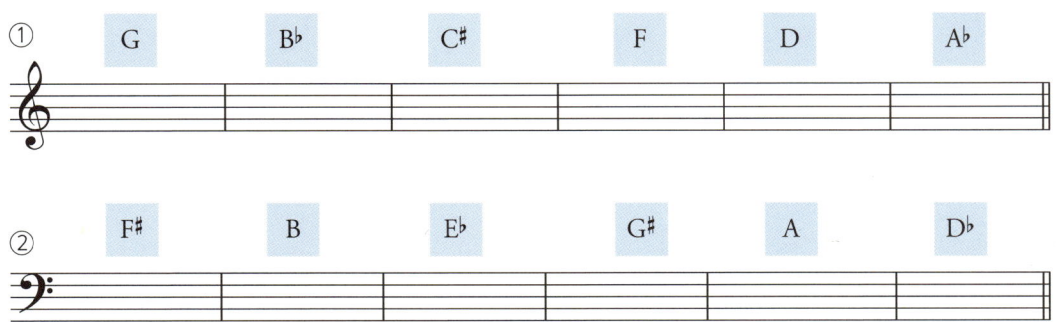

① G    B♭    C♯    F    D    A♭

② F♯    B    E♭    G♯    A    D♭

3. 다음 주어진 음의 이명동음을 그려보세요.

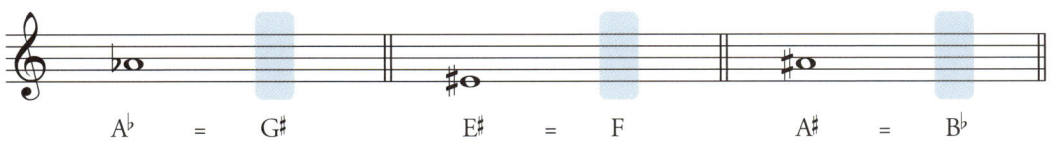

A♭ = G♯      E♯ = F      A♯ = B♭

# ④ 박자표(Time Signature)

박자

일정한 수의 박(Beat)이 모여 음악적인 공간, 시간을 구성하게 되는데 이를 '박자'(Time)라 하고, 곡의 박자를 가르키는 숫자를 음자리표, 조표 다음에 적게 되는데 이것을 '박자표'(Time Signature)라 합니다.

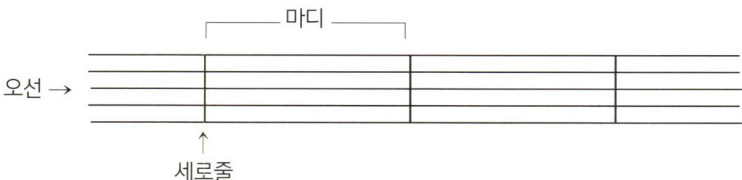

오선 →

마디

↑
세로줄

박자는 분수 형태의 숫자나 기호로 나타냅니다.

**3** → 마디 안의 음표 갯수
**4** → 음표의 종류

한 마디 안에 4분음표가 3개 들어가는 공간의 박자를 말하며 '4분의 3박자'라고 읽습니다.

음길이

|  | 이름 | 박자(Beat) | 같은 길이의 쉼표 |
|---|---|---|---|
| 𝅝 | 온음표(Whole Note) | 4 Beat | ▬ |
| 𝅗𝅥 | 2분음표(Half Note) | 2 Beat | ▬ |
| ♩ | 4분음표(Quarter Note) | 1 Beat | 𝄽 |
| ♪ | 8분음표(8th Note) | 1/2 Beat | 𝄾 |

\* 더 많은 내용의 음표 쉼표는 챕터2에서 다룹니다.

한 마디 안에 4분음표가 4개 들어   한 마디 안에 4분음표가 3개 들어   한 마디 안에 8분음표가 6개 들어
가는 음악적 시간   가는 음악적 시간   가는 음악적 시간

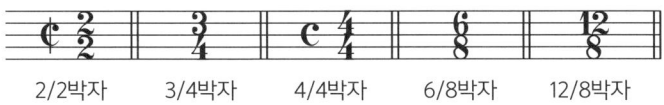

2/2박자   3/4박자   4/4박자   6/8박자   12/8박자

가장 보편적인 박자는 ₄⁴입니다. 리듬을 타거나 박자를 세기가 가장 수월하며 많은 곡들이 ₄⁴로 작곡되어 있는 이유로 커먼 타임(Common Time)의 약자인 'Ȼ'로 표기하기도 합니다.

Ȼ를 반으로 자른 Ȼ는 ₂²박자로 한 마디 안에 2분음표가 2개 들어간다는 의미입니다. 커트 타임(Cut Time)이라고도 합니다.

### 셈여림

박(Beat, meter, Time)은 음악을 구성하는 리듬을 느끼는 단위군, 곡마다 일정 주기의 셈과 여림 (Strong & Weak)을 가지고 있습니다.

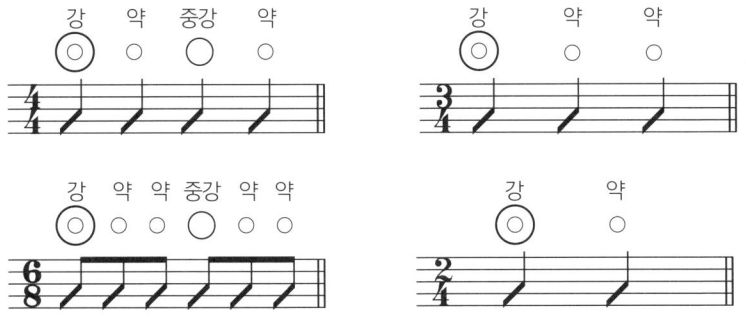

음악을 듣거나 연주할 때, 셈여림을 느끼면 음악을 표현하고 리듬을 타는데 수월하며 박자를 놓치지 않게 됩니다. 대부분 마디의 첫박에 강(◎, Strong)이 오게 됩니다.

# 문제

1. 다음 빈칸에 박자표를 써보세요.

①

②

③

④

2. 다음 박자의 셈여림(강◎ 중강○ 약ο)을 표시하세요.

① 　　　(　　　　　　　　　　)

② 　　　(　　　　　　　　　　)

③ 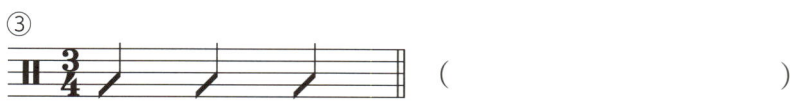　　　(　　　　　　　　　　)

## ⑤ 조표(Key Signature)

음악에서 하나의 음(으뜸음, Tonic)이 선율, 화성의 중심에 있고, 그에 따라 음악적 질서와 통일성을 가지게 되는데 이를 '조성'(Key)이라 하고, 오선 앞에 나타내는 표를 '조표'(Key Signature)라고 합니다.

간단히 정리하면 자리표와 박자표 사이에 #, ♭을 사용하여 곡의 조성을 알려주며, #, ♭이 붙은 해당음은 악보 전체에 걸쳐 반음 올리거나 내려서 연주합니다.

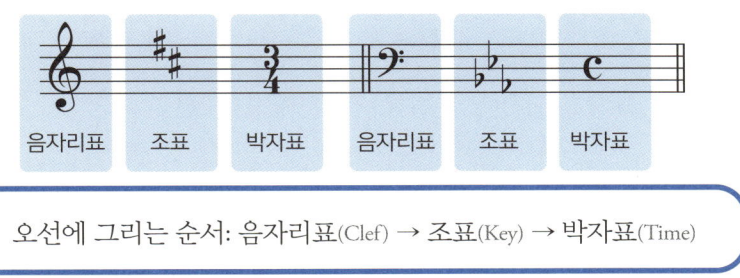

음자리표    조표    박자표    음자리표    조표    박자표

오선에 그리는 순서: 음자리표(Clef) → 조표(Key) → 박자표(Time)

3개의 #으로 가장조(A Major Key)임을 알려주고, 오선 위의 "F, C, G" 음표에 하나 하나 #을 그리지 않고, 동일음에는 모두 #을 붙여 연주하라는 의미를 가집니다.

D key:    D  E  F#  G    A  F# E C# D    E♭ key:  E♭ G  A♭ F    B♭ C D E♭

♯이 붙는 순서: F C G D A E B (♭이 붙는 순서를 거꾸로 한 것과 동일)

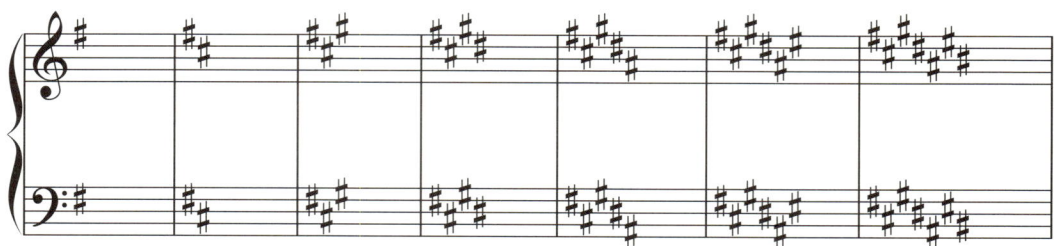

장조(Major) 곡의 경우 ♯Key는 마지막(끝) ♯음에서 반음 올리면 그 조(Key)가 됩니다.

마지막 G♯ ──반음 올리면──▶ A Major key     마지막 F♯ ──반음 올리면──▶ G Major key

마지막 D♯ ──반음 올리면──▶ E Major key

다시 정리해 보면,

C Major    G Major    D Major    A Major    E Major    B Major    F♯ Major    C♯ Major

♭ Key

♭이 붙는 순서: B E A D G C F (♯이 붙는 순서를 거꾸로 한 것과 동일)

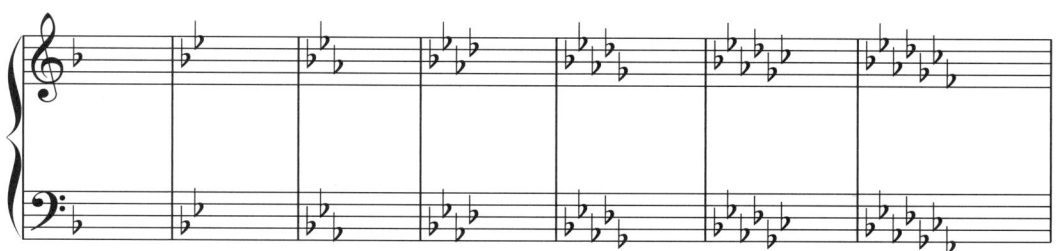

♭, ♯이 하나도 붙지 않는 조성은 다장조(C Major)이고, 장조 곡의 경우 ♭ Key는 마지막(끝)에서 두
번째에 있는 ♭이 그 조(Key)가 됩니다.

← 끝에서 두 번째

A♭ Major key          D♭ Major key          B♭ Major key

♭이 한 개 붙은 조(Key)는 F Major Key입니다.

다시 정리해 보면,

C Major    F Major    B♭ Major    E♭ Major    A♭ Major    D♭ Major    G♭ Major    C♭ Major

## 문제

1. 샵(Sharp)이 붙는 순서대로 따라 그려 보세요.

2. 플랫(Flat)이 붙는 순서대로 따라 그려 보세요.

3. 다음 조표를 보고 장조의 조성을 쓰세요.

Major          Major          Major

Major          Major          Major

4. 다음 조성의 조표를 그려보세요.

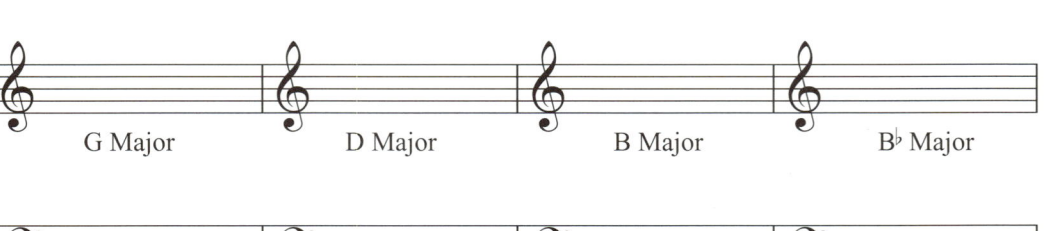

G Major          D Major          B Major          B♭ Major

E♭ Major          A Major          F Major          E Major

## 6 나란한조(Relative Keys)

조표를 같이 사용하는 장조와 단조를 나란한조(relative key) 관계라 합니다. 앞서 조표(Key Signature)를 통해 12 장조 조성(12 Major Keys)을 배웠는데, 단조(minor Key)의 조표가 따로 있는 것이 아니라 장조의 조표를 같이 공유하여 사용합니다.

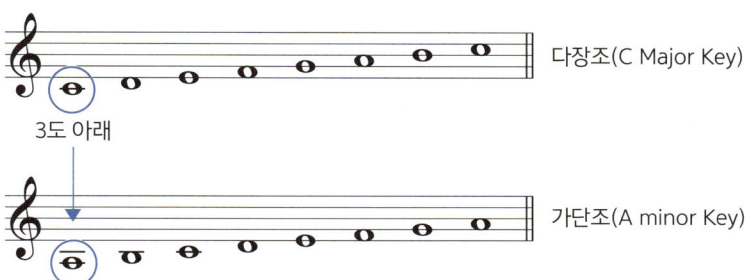

다장조(C Major Key)

3도 아래

가단조(A minor Key)

구성음은 같고 장조의 단3도 아래에서 시작하여 나란히 움직인다고 하여 '나란한조' 혹은 '병행조'라고 합니다. 장조 기준 3도 아래 혹은 6도 위라고 생각해도 좋습니다.

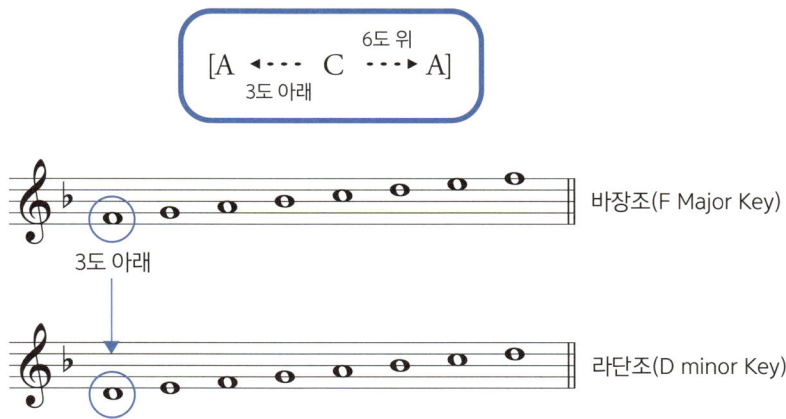

바장조(F Major Key)

3도 아래

라단조(D minor Key)

위의 예시처럼 ♭이 하나 있으면 바장조(F Major)일 수도 라단조(D minor)일 수도 있습니다. 첫 코드와 마침 코드, 멜로디와 화성 진행을 보고 장/단조를 구별합니다.

---

\* 장음계, 단음계에 대한 구체적인 설명은 Chapter 3에서 자세히 다룹니다.

| C Major<br>(다장조) | F Major<br>(바장조) | B♭ Major<br>(내림나장조) | E♭ Major<br>(내림마장조) | A♭ Major<br>(내림가장조) | D♭ Major<br>(내림라장조) | G♭ Major<br>(내림사장조) | C♭ Major<br>(내림다장조) |
|---|---|---|---|---|---|---|---|
| A minor<br>(가단조) | D minor<br>(라단조) | G minor<br>(사단조) | C minor<br>(다단조) | F minor<br>(바단조) | B♭ minor<br>(내림나단조) | E♭ minor<br>(내림마단조) | A♭ minor<br>(내림가단조) |

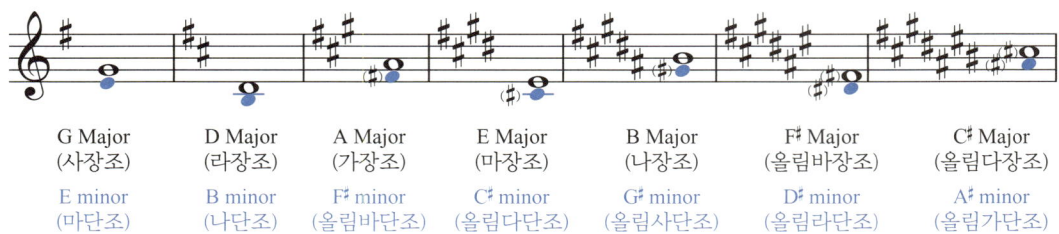

| G Major<br>(사장조) | D Major<br>(라장조) | A Major<br>(가장조) | E Major<br>(마장조) | B Major<br>(나장조) | F♯ Major<br>(올림바장조) | C♯ Major<br>(올림다장조) |
|---|---|---|---|---|---|---|
| E minor<br>(마단조) | B minor<br>(나단조) | F♯ minor<br>(올림바단조) | C♯ minor<br>(올림다단조) | G♯ minor<br>(올림사단조) | D♯ minor<br>(올림라단조) | A♯ minor<br>(올림가단조) |

⭐ ♭, ♯이 7개인 C♭ / C♯ Major는 이론상은 가능하나 실제 거의 사용하지 않는 조성입니다. 또한 다장조, 올림라단조, 내림마장조 등 "다라마바사가나"로 읽기보다는 오늘날에는 "C D E F G A B"를 사용한 C Major, F minor 등 영어 표기로 기록하고 소통합니다.

따라그려 보세요.

| C Major<br>A minor | F Major<br>D minor | B♭ Major<br>G minor | E♭ Major<br>C minor |
|---|---|---|---|
| A♭ Major<br>F minor | D♭ Major<br>B♭ minor | G♭ Major<br>E♭ minor | C♭ Major<br>A♭ minor |
| C Major<br>A minor | G Major<br>E minor | D Major<br>B minor | A Major<br>F♯ minor |
| E Major<br>C♯ minor | B Major<br>G♯ minor | F♯ Major<br>D♯ minor | C♯ Major<br>A♯ minor |

1. 다음 조표의 나란한조를 쓰세요.

F     Major    (바장조)
     minor    ( 단조 )

B     Major    (나장조)
     minor    ( 단조 )

E♭     Major    (내림마장조)
      minor    ( 단조 )

G     Major    (사장조)
     minor    ( 단조 )

2. 다음 조표의 조성을 쓰세요.

Major         Major         minor         minor

Major         Major         minor         minor

3. 다음 조성을 보고 오선에 조표를 그리세요.

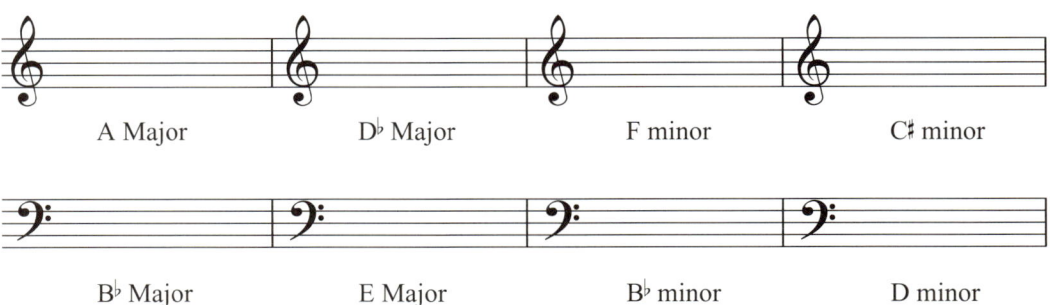

A Major         D♭ Major         F minor         C♯ minor

B♭ Major         E Major         B♭ minor         D minor

## ⑦ 마디(The Measure)

악보에서 세로줄로 나뉘는 곡의 작은 단위를 '마디'(measure)라고 합니다. 박자에 따라 정해진 음표와 쉼표의 길이로 한 마디가 채워집니다.

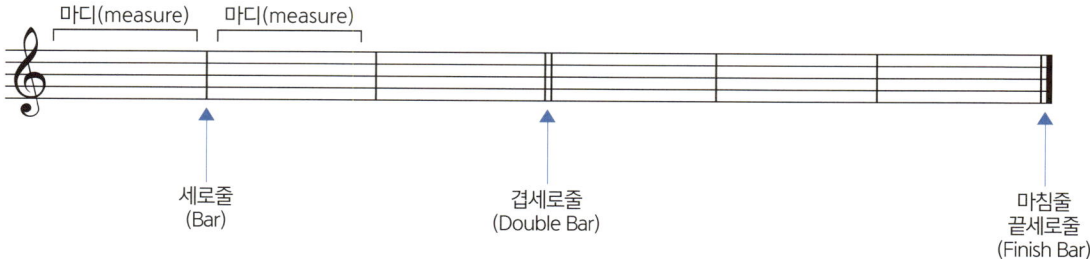

$\frac{4}{4}$박자라면 한 마디 안에 4분음표와 4분쉼표가 4개 길이의 박으로,

$\frac{6}{8}$박자라면 한 마디 안에 8분음표과 8분쉼표가 6개 길이의 박으로 채워집니다.

**예시 1**

**예시 2**

---

\* 음표, 쉼표의 길이는 Chapter 2에서 자세히 설명합니다.

## 겹세로줄

얇은 두 개의 세로줄을 '겹세로줄'(Double Bar)이라고 하며, 다음과 같은 경우에 사용합니다.

① 박자가 바뀔 때

② 조성이 바뀔 때

③ 전주, 도입부, 후렴부 등 곡의 구성 부분이 바뀔 때

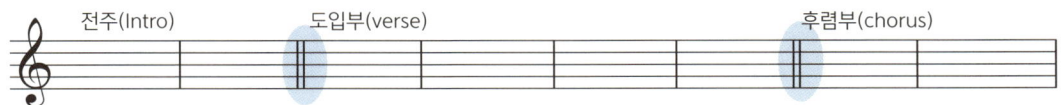

④ 연주 순서를 나타내는 악상 기호가 사용되는 부분에 사용

| | | | |
|---|---|---|---|
| 𝄋 (세뇨) : 세뇨 | | *D.S* (달세뇨) : 세뇨 표시로 돌아 감 | |
| 𝄌 (코다) : 코다에서 코다로 건너 뜀 | | *al Coda* (알코다) : 코다 표시까지 | |
| *Fine* (피네) : 끝마침 | | *al Fine* (알피네) : 끝 표시까지 | |
| *D.C* (다카포) : 처음으로 돌아 감 | | ⌢ (페르마타) : 늘임표 혹은 끝마침 | |

**예시 1**

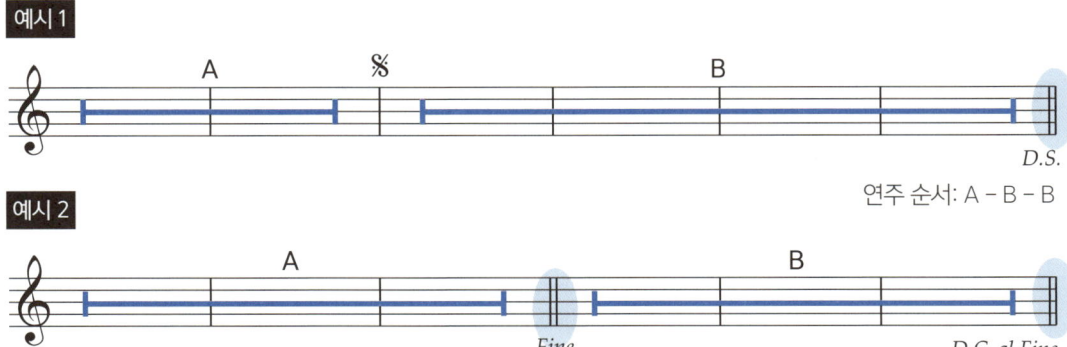

*D.S.*

연주 순서: A – B – B

**예시 2**

*Fine*

*D.C. al Fine*

연주 순서: A – B – A

예시 3

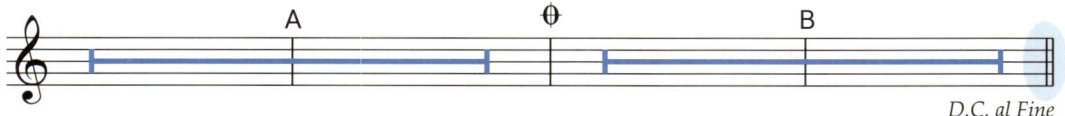

*D.C. al Fine*

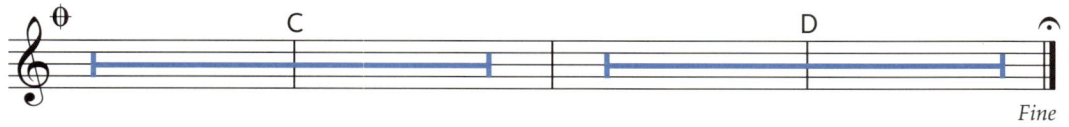

*Fine*

연주 순서: A - B - A - C - D

### 마침줄과 도돌이표

곡이 끝날 때에는 '마침줄'(끝세로줄, Finish Line), 일정 구간을 반복할 때에는 '도돌이표'(Repeat Sign Mark)를 사용합니다.

예제 1

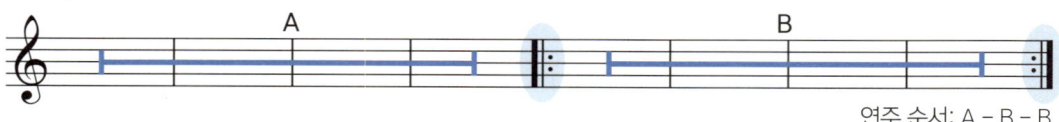

연주 순서: A - B - B

예제 2

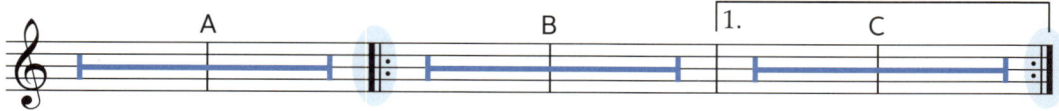

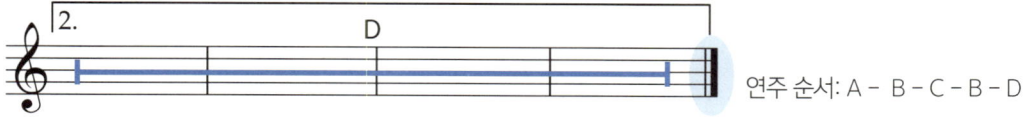

연주 순서: A - B - C - B - D

> ⭐ 마디 표시와 겹세로줄, 기호를 분명하게 표시해야 연주자들이 악보를 빠르고 정확하게 읽을 수 있습니다. 한 줄에 들어가는 마디 수가 들쑥날쑥하거나 마디의 크기가 제각각이면 악보 읽기가 힘들어집니다. 곡의 큰도막(후렴부, 도입부 등)은 오선의 맨 앞에 위치하도록 그리는 것이 좋습니다.

## 못갖춘마디

마디 안에 박자표대로 박자가 채워져 있을 때 이것을 '갖춘마디'(Complete Bar)라고 하는데, 노래 도입부를 보면 박자 수가 모자라게 나와 있는 부분을 때때로 볼 수 있습니다.

<생일축하노래>

<석별의 정>

이렇게 첫박이 마디가 채워져 있는 것이 아니라 여린박에 등장하는 이런 마디를 '못갖춘마디'(Incomplete Bar)라고 하고 나와 있는 음표를 '픽업노트'(pick-up note)라고 합니다.
악보를 그릴 때에서 첫마디의 불완전함을 곡의 마지막 마디에서 채워서 완전한 박을 만들어야 합니다.

<생일축하노래>

<석별의 정>

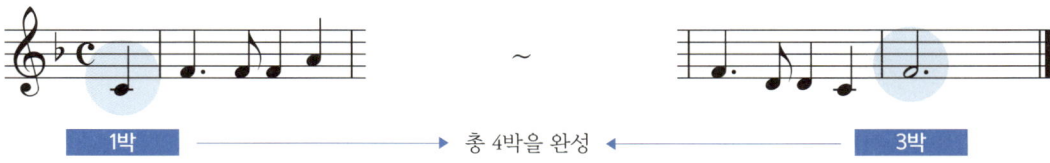

## 🔍 문제

1. 괄호(      ) 안에 알맞은 음악 용어를 쓰세요.

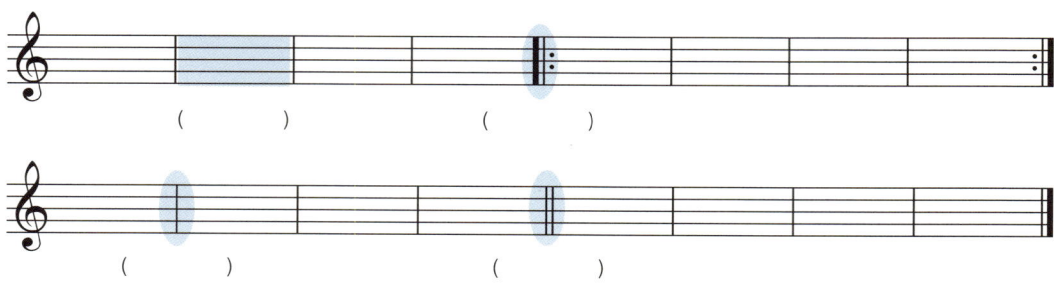

2. 다음 악보에서 연주해야 하는 총 마디 수를 쓰세요.

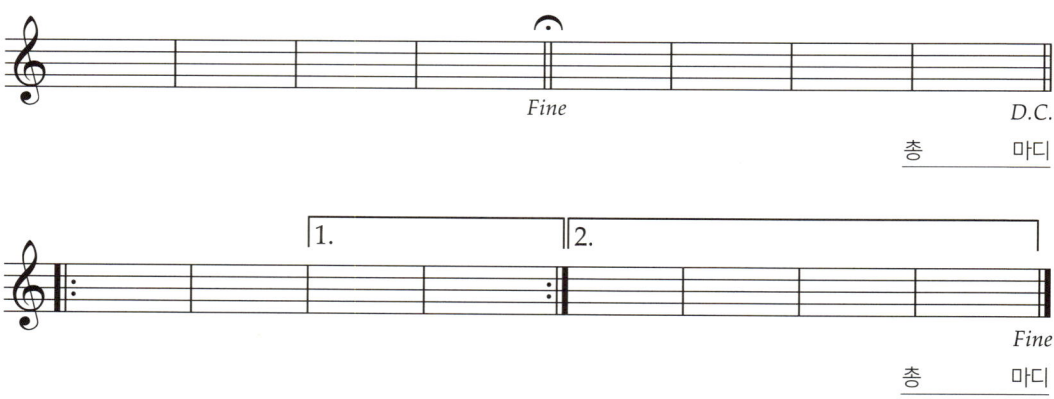

3. 다음 악보의 곡 연주 순서를 적으세요.

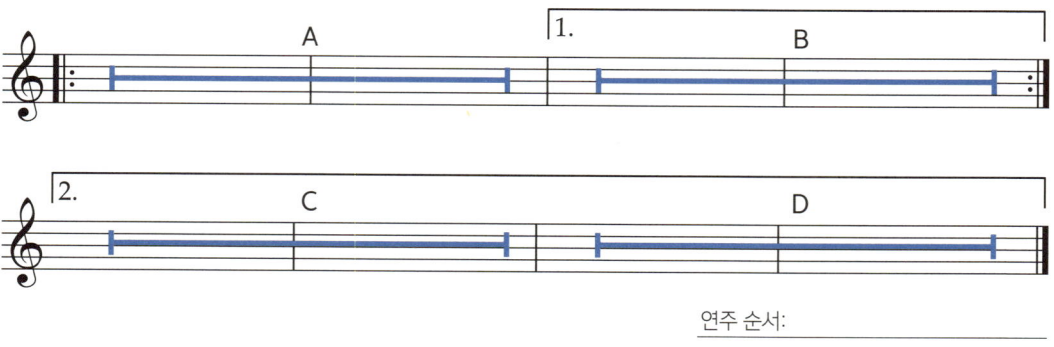

연주 순서:

# 8  5도권(Circle of 5th)

도 — 도까지 한 옥타브는 12개의 각각 다른 음으로 구성되어 있습니다. 어떤 한 음을 기준으로
완전 5도(perfect 5th) 하행 또는 상행으로 연속 진행할 때 만들어지는 순환을 '5도권'이라 하며 한
바퀴 돌면 12음을 모두 지나게 됩니다.

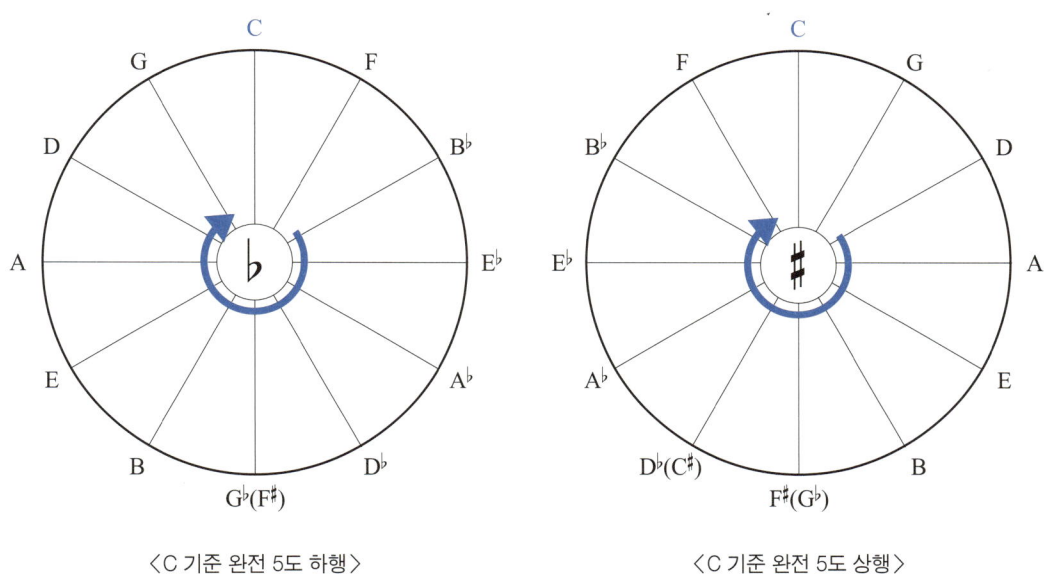

〈C 기준 완전 5도 하행〉　　　　　　　　〈C 기준 완전 5도 상행〉

5도권을 사용하면 쉽게 조표를 읽을 수 있습니다. ♯은 상행 5도권, ♭은 하행 5도권을 사용하여
♯이 한 개씩 늘어날 때마다 5도씩 올라가면 ♯이 한 개일 때에는 G Key, 두 개일 때에는 D Key,
♭이 한 개일 때에는 F Key, 두 개일 때에는 B♭ Key로 빠르게 조표를 읽을 수 있습니다.
화성 진행에서도 근음(Bass)이 완전 5도씩 하행하며 자연스럽게 코드를 연결합니다. 일반적으로
가장 친숙한 코드 진행은 완전 5도씩 하행하는 것이고 강력한 베이스의 움직임을 느낄 수 있습
니다.

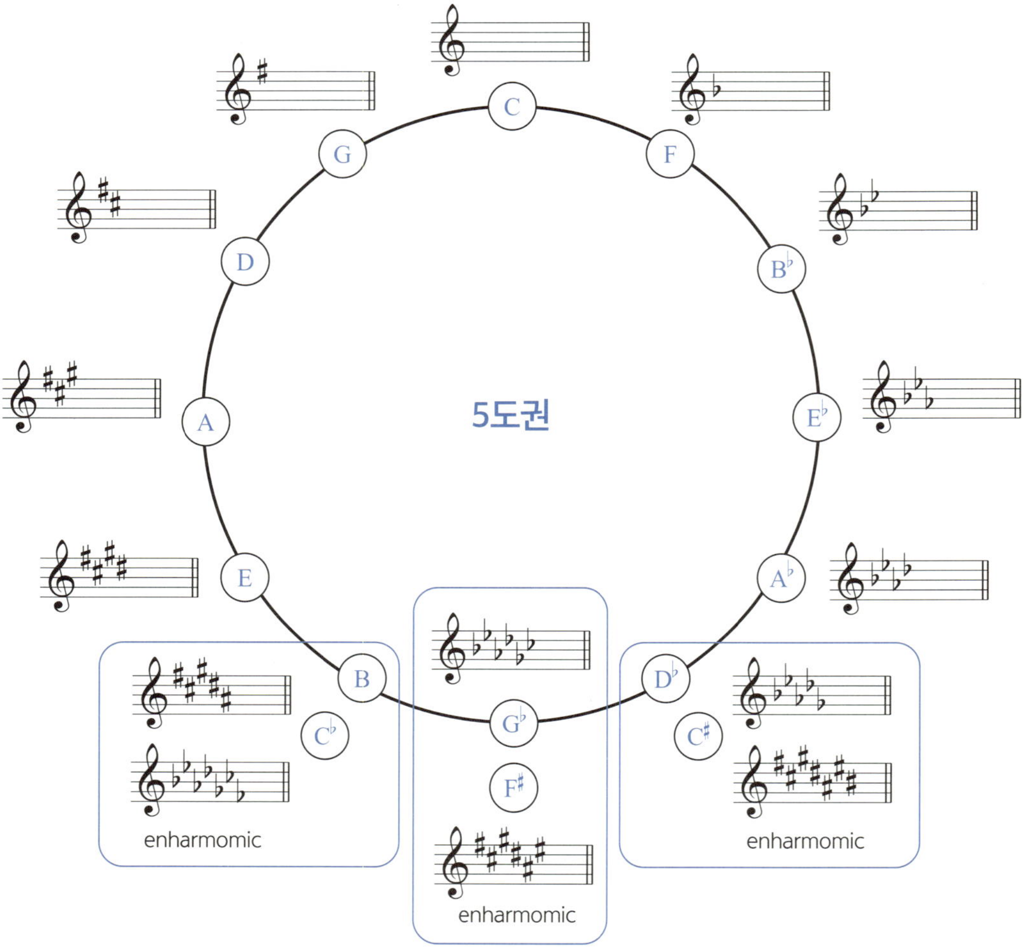


5도권이 중요한 이유

① 12음의 체계가 완전 5도의 움직임으로 연결되어 있음을 이해
② 12 Keys 연습시 활용
③ 조표 읽기와 암기에 적용
④ 5도 진행의 Bass 움직임을 코드 진행에 적용

# Chapter 2

# 기보법(Musical Notation)

음악을 오선 위에 기록하는 방법을 '기보법'(Musical Notation) 이라고 하고, 이렇게 기보된 음악의 기록을 '악보'(Score, music sheet)라고 합니다.

내가 부르는 음, 박자 그리고 선율과 리듬을 눈에 보이는 악보로 기록하는 작업은 매우 중요합니다. 나의 창작물을 기록하고 공유하며 다른 사람들의 음악을 듣고 악보로 보며 함께 연주할 수 있는 수단이 악보인 것입니다.

앞서 배운 오선, 마디, 박자와 음자리표 조표의 기본 개념 위에 소리의 높낮이와 길이를 나타내는 음표와 쉼표를 사용한 악보 읽는 법, 악보 그리기를 함께 공부해 보겠습니다.

# ① 음표(The Notes)

소리를 내는 음 길이의 비율을 나타내는 표시이며, 이것이 오선의 어디에 위치하느냐에 따라 높낮이가 결정됩니다.

| 명칭 | 영어 명칭 | 기보 | 박 수 |
|---|---|---|---|
| 온음표 | Whole Note | 𝅝 | 4박 |
| 2분음표 | Half Note | 𝅗𝅥 | 2박 |
| 4분음표 | Quarter Note | ♩ | 1박 |
| 8분음표 | Eighth Note | ♪ | 1/2박 |
| 16분음표 | Sixteenth Note | 𝅘𝅥𝅯 | 1/4박 |
| 32분음표 | Thirty Second Note | 𝅘𝅥𝅰 | 1/8박 |
| 점온음표 | Dotted Whole Note | 𝅝 · | 6박 |
| 점2분음표 | Dotted Half Note | 𝅗𝅥. | 3박 |
| 점4분음표 | Dotted Quarter Note | ♩. | 1+1/2박 |
| 점8분음표 | Dotted Eighth Note | ♪. | 3/4박 |
| 겹점 온음표 | Double Whole Note | 𝅝 ·· | 7박 |
| 겹점 2분음표 | Double Dotted Half Note | 𝅗𝅥.. | 3+1/2박 |
| 겹점 4분음표 | Double Dotted Quarter Note | ♩.. | 1+3/4박 |

Common Time 4/4박을 기준으로 했을 때 4분음표는 한 마디의 1/4이므로 Quater(1/4 의미) Note라고 하고 기준 음표로 사용됩니다.

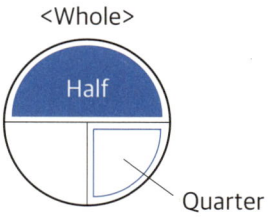

음표의 머리(Note Head) 뒤에 점(Dot)을 찍어 점음표(Dotted Note)를 만드는데, 앞 음표의 반의 길이를 더 붙이는 의미입니다.

음표의 머리 뒤에 겸점(Double Dot)을 붙여 겹점음표(Double Dotted Note)를 만드는데, 앞 음표 길이에 +반 +반의 반을 더합니다. 이론상의 설명이 가능하지만 겹점음표 계산이나 연주시 어렵게 느껴지므로 사용을 추천하지 않습니다.

음표의 꼬리(flag)가 한 박자 단위로 묶일 때에는 연결꼬리(Beam)로 이어서 박자 단위로 이어주면 악보 읽기가 편해집니다.

### 잇단음표

일반적인 분할 방법이 아닌 특별하게 음표, 박을 등분(똑같이 나눔)한 음표를 '잇단음표'(Tuplet)라고 합니다.

| | | | |
|---|---|---|---|
| 3연음<br>(Triplet) | ♪ = | 𝅘𝅥𝅯𝅘𝅥𝅯𝅘𝅥𝅯 ⌐3⌐ | 16th Note Triplet (반 박자 동안 3등분 연주) |
| | ♩ = | 𝅘𝅥𝅮𝅘𝅥𝅮𝅘𝅥𝅮 ⌐3⌐ | 8th Note Triplet (한 박자 동안 3등분 연주) |
| | 𝅗𝅥 = | ♩ ♩ ♩ ⌐3⌐ | Quarter Note Triplet (두 박자 동안 3등분 연주) |
| | 𝅝 = | 𝅗𝅥 𝅗𝅥 𝅗𝅥 ⌐3⌐ | Half Note Triplet (네 박자 동안 3등분 연주) |
| 그밖의<br>잇단음표<br>리듬 | 𝅗𝅥. = | ♩ ♩ ♩ ♩ ⌐4⌐ | 넷잇단음표(Quadruplet): 세 박자 동안 4등분 연주 |
| | ♩ = | 𝅘𝅥𝅯𝅘𝅥𝅯𝅘𝅥𝅯𝅘𝅥𝅯𝅘𝅥𝅯 ⌐5⌐ | 다섯잇단음표(Quintuplet): 한 박자 동안 5등분 연주 |
| | ♩ = | 𝅘𝅥𝅯𝅘𝅥𝅯𝅘𝅥𝅯𝅘𝅥𝅯𝅘𝅥𝅯𝅘𝅥𝅯 ⌐6⌐ | 여섯잇단음표(Sextuplet): 한 박자 동안 6등분 연주 |

## ② 쉼표(The Rests)

음악에서 소리, 음을 내지 않는 곳과 그 길이를 나타내는 표시를 '쉼표'(Rest)라고 합니다. 음표와 달리 높낮이가 없기 때문에 오선의 일정한 자리에 놓이게 되며 같은 길이의 음표와 함께 연결하여 암기하기를 권합니다.

| 명칭 | 영어 명칭 | 기보 | (같은 길이) 음표 | 길이 |
|------|-----------|------|-------------------|------|
| 온쉼표 | Whole Rest | ▬ | 𝅝 | 4박 |
| 2분쉼표 | Half Rest | ▬ | 𝅗𝅥 | 2박 |
| 4분쉼표 | Quarter Rest | 𝄽 | ♩ | 1박 |
| 8분쉼표 | Eighth Rest | 𝄾 | ♪ | 1/2박 |
| 16분쉼표 | Sixteenth Rest | 𝄿 | ♬ | 1/4박 |
| 32분쉼표 | Thirty Second Rest | 𝅀 | 𝅘𝅥𝅲 | 1/8박 |
| 점온쉼표 | Dotted Whole Rest | ▬. | 𝅝. | 6박 |
| 점2분쉼표 | Dotted Half Rest | ▬. | 𝅗𝅥. | 3박 |
| 점4분쉼표 | Dotted Quarter Rest | 𝄽. | ♩. | 1+1/2박 |
| 점8분쉼표 | Dotted Eighth Rest | 𝄾. | ♪. | 3/4박 |

 겹점 쉼표(Double Dotted Rest)는 거의 사용하지 않기 때문에 음표와 같이 계산하는 방식 정도로만 알아두어도 충분합니다.

Common Time 4박 한 마디를 기준으로 봤을 때 각 음표가 차지하는 공간은 다음과 같습니다.

| | (강)<br>Strong | (약)<br>Weak | (중강)<br>Medium | (약)<br>Weak |
|---|---|---|---|---|
| **4/4** | ◎ | ○ | ○ | ○ |
| | ① | ② | ③ | ④ |
| **음표**<br>**Notes** | | | | |

각 음표의 길이의 세는 '나만의 언어'를 만들어 리듬 읽기를 하는 것도 효과적입니다. 일정한 템포로 예비박 카운트를 하고 리듬 읽기를 시작합니다.

♩ ⇒ 따안    ♪ ⇒ 딴    ♬ ⇒ 따

𝄽 ⇒ 쉬고    𝄾 ⇒ 쿵    𝄿 ⇒ 웃

따안  딴  딴  (쉬고)  따 따 따 따    (쿵) 딴  따안  (웃)따 따 따  딴  딴

많이 사용하는 ∨ 방법이나 나만의 언어로 리듬 읽기를 해보세요. 단, 빨라지거나 느려지지 않도록 메트로놈(박자기)과 함께 연습하면 더욱 좋습니다.

# ③ 붙임줄과 이음줄(Tie & Slur)

악보를 보면 음표를 연결하는 선( ⌣ )이 표시되어 있는데, 이것이 '붙임줄'과 '이음줄'입니다. 이 두 기호의 쓰임과 기능을 알아봅니다.

### 붙임줄(Tie)

'붙임줄'은 높이가 같은 둘 이상의 음을 연결한 선으로, 뒤에 연결된 음은 다시 소리내지 않고 전체 길이만큼 끌어 연주합니다. 악보의 셈여림이 바뀌는 당김음(싱코페이션 Syncopation)의 효과 나 악보를 좀더 보기 편하게 연주할 수 있도록 도와주는 기호입니다.

**예제 1**

당김   당김

붙임줄 사용 당김음

**예제 2**

4박자의 경우 2박씩 나누어져 당김음이 느껴지게 악보를 그리는 것이 좋습니다.

**예제 3**

박자 단위로 구분되게 악보를 표기해야 보다 쉽고 정확하게 리듬을 읽을 수 있습니다.

## 이음줄(Slur)

'이음줄'은 높이가 다른 두 개 이상의 음을 연결하여 한 호흡으로 부드럽게 이어서 소리내도록 하는 기호입니다.

예시 1

예시 2

이음줄(Slur)로 묶여진 음들은 부드럽게 연결하여 연주하며, 글 속의 짧은 문장과 같이 음들의 짧은 이야기 도막 (phrase)을 구성하게 됩니다.

# ④ 음이름(The Pitch Name)

음의 높이를 구별하기 위해 음마다 붙이는 이름을 '음이름'이라고 합니다. 음의 주파수, 높이에 따라 절대음이름(Absolute pitch)과 기준음에 따라 상대적으로 변하는 상대음이름(Relative pitch, 계이름)이 있습니다.

온음계

'도'와 '도' 사이 온음 반음의 7개의 구성음을 가진 음의 배열을 '온음계'(Diatonic)라고 합니다.

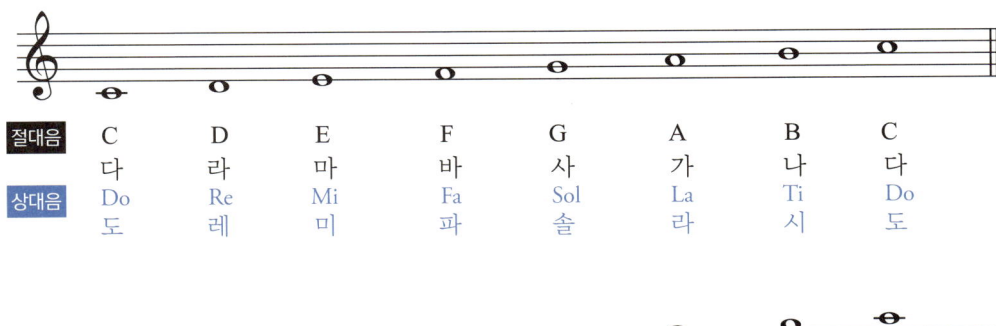

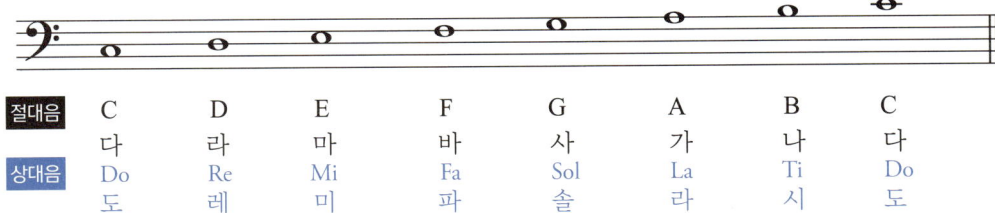

'가온 도'(Middle C)를 "C"라고 하며 'C D E F G A B'는 변하지 않는 '절대음'이라고 하고 조성에 따라 음이름이 바뀌지 않습니다.

곡의 조성에 따라 으뜸음이 "도(Do)"가 되는 '도 레 미 파 솔 라 시'는 '상대음'입니다. 흔히 계명창(계이름 시창)에서 사용하는 음이름입니다.

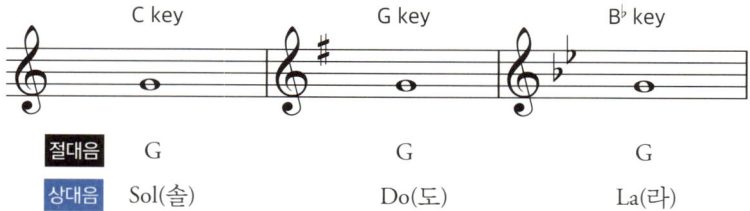

| | C key | G key | B♭ key |
|---|---|---|---|
| 절대음 | G | G | G |
| 상대음 | Sol(솔) | Do(도) | La(라) |

반음계

반음(바로 옆 건반)마다 모두 음이름이 있습니다. 12개의 반음 간격으로 이루어진 음의 배열을
반음계(Chromatic)라고 합니다.

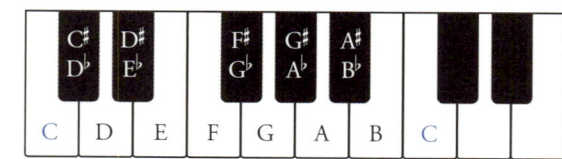

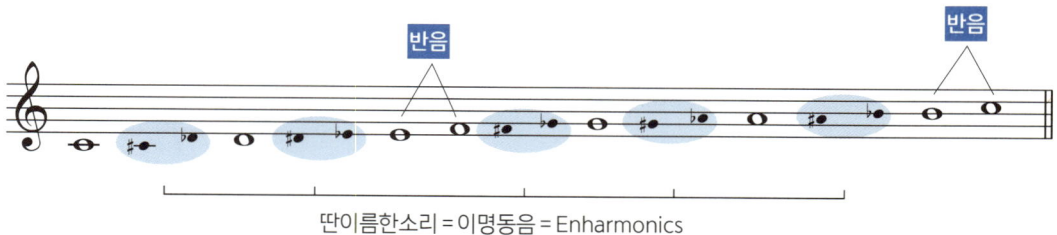

딴이름한소리 = 이명동음 = Enharmonics

예시 1

| 절대음 | E | F | F♯ | A | G | C | G | G♭ | F | A | A♭ | G | D♭ | C |
|---|---|---|---|---|---|---|---|---|---|---|---|---|---|---|

# ⑤ 음표 그리기(Notation)

음표(Note)를 오선(Staff)의 줄(Line)과 칸(space)에 그려서 음의 높이와 길이를 나타내야 합니다.

음표의 기둥은 오선의 가운뎃줄을 기준으로 하여 머리가 밑에 있으면 기둥을 위쪽으로, 머리가 가운데줄부터 위에 있으면 기둥을 아랫쪽으로 그립니다.

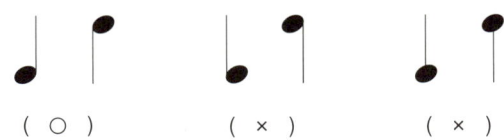

( ○ )　　　　　( × )　　　　　( × )

기둥은 알파벳 소문자 p d를 떠올리면 쉽게 그릴 수 있습니다.

오선을 벗어난 음표일 경우에는 덧줄(가선, ledger line)을 그린 후 표기합니다.

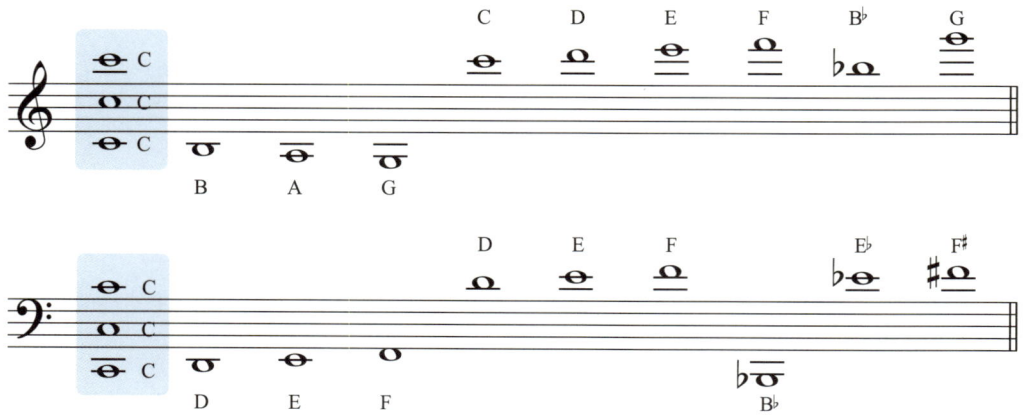

또한 음이 너무 높거나 너무 낮아 덧줄을 너무 많이 그려야 하는 경우에는 8va, 8vb라는 옥타브 기호를 사용합니다.

8va : 음표 위에 이 기호가 있으면 한 옥타브 높게 연주합니다.

8vb : 음표 위에 이 기호가 있으면 한 옥타브 낮게 연주합니다.

1. 다음 음악 기호의 명칭을 쓰세요.

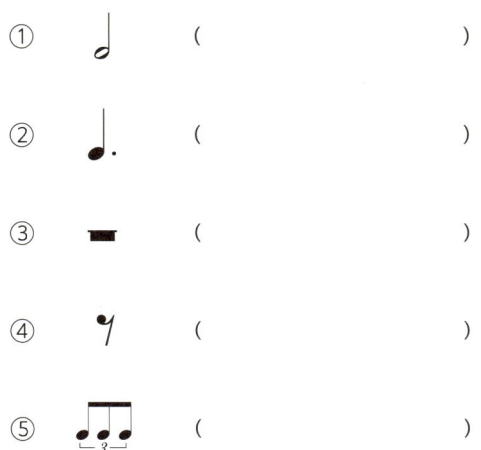

① ♩ (                    )

② ♩. (                    )

③ ▬ (                    )

④ 𝄾 (                    )

⑤ ♫♩ ⌐3⌐ (                    )

2. 다음 (        ) 안에 알맞은 음악 용어를 쓰세요.

① 음의 주파수, 고도에 따라 절대적으로 변하지 않는 음을 (             )라고 합니다.

② 곡의 조성에 따라 으뜸음이 도가 되는 음을 (             )라고 합니다.

③ 높이가 같은 둘 이상의 음을 연결한 선을 (             )라고 하며, 또 소리를 내지 않고 총 길이
만큼 끌어 연주합니다.

④ 음이 너무 높거나 낮아 덧줄을 많이 그려야 하는 경우 *8va, 8vb*를 사용하는데 이 기호가 있으
면 기보된 음보다 (             ) 높게 혹은 낮게 연주합니다.

⑤ 소리를 내지 않는 곳과 그 길이를 나타내는 표시를 (             )라고 합니다.

3. 다음 멜로디의 각 음에 음이름을 적으세요.

<바흐 미뉴에트> 중에서

D  G  A  B  C

4. 다음 악보를 따라 그려보세요.

<모차르트 – 작은별 변주곡> 중에서

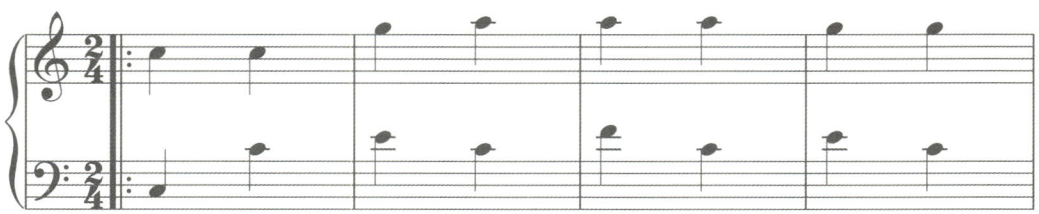

<엘가 – 사랑의 인사>

<비틀스 – 렛잇비>

# Chapter 3

# 음계(Scale)

음악에서 소리의 음높이에 따라 계단처럼 순서대로 배열한 음의 집합을 '음계'(Scale)라고 합니다.

음계는 곡을 구성하는 음을 나타내며, 음계의 종류에 따라 곡의 분위기가 달라지고, 만들어지는 화성이 결정되므로 가장 기초적이면서도 중요한 음악 이론이라 할 수 있습니다.

시대나 지역에 따라 많은 스케일이 사용되어 왔지만, 현대에는 장조와 단조, 장음계와 단음계의 두 개의 큰 범위 안에서 곡이 만들어지고 연주되므로 먼저 장음계와 단음계를 배워 보겠습니다.

# ① 장음계(Major Scale)

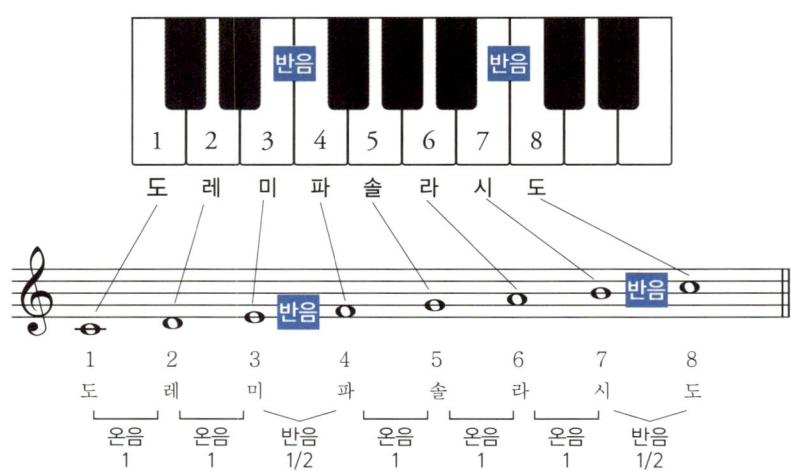

장음계(Major Scale)는 우리가 부르는 '도–레–미–파–솔–라–시–도'라고 생각하면 쉽게 이해할 수 있습니다. 너무 익숙해져서 모두 한 단계씩 같은 크기로 올라간다고 생각하지만 3음과 4음, 7음과 8음 사이는 반 계단만 올라갑니다. 피아노 건반을 보면 이 두 간격 사이에만 검은 건반이 없다는 것을 알 수 있습니다.

첫 시작음을 1로 보고 온–온–반–온–온–온–반(3-4, 7-8음이 반음)의 간격으로 이루어진 7개 음의 배열을 '장음계'(Major Scale)라고 합니다.

앞으로 배울 많은 스케일을 비교하고 구분짓는 기준이 되므로 반드시 12 조성(keys)으로 알아야 합니다.

C Major Scale

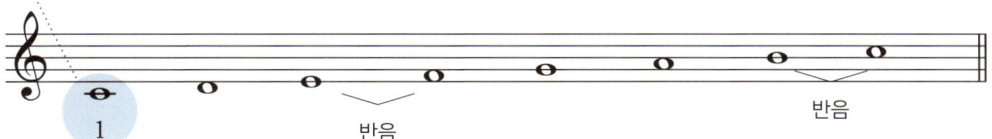

C음이 으뜸음(1음)이 되면 C Major Scale이라고 하고 시작음을 바꾸면 다른 장음계를 만들 수 있습니다.

예시 1 A Major Scale

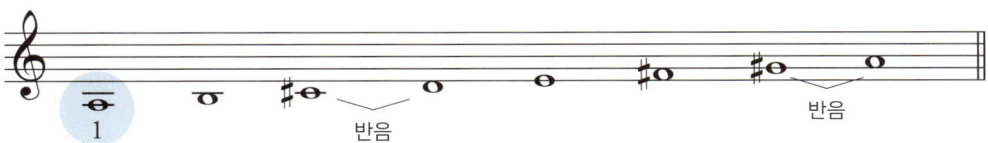

(A음이 1음이 되어 '온-온-반-온-온-온-반' 간격을 만듭니다.)

A Major Scale은 C, F, G 절대음에 #이 붙게 되는데 A Major의 조표에 세 개의 #이 있는 이유입니다.

예시 2 E♭ Major Scale

E♭음을 1로 하여 장음계를 만들면 E, A, B 절대음에 ♭이 붙는데 그래서 오선 맨 앞에 ♭을 그려놓아 먼저 곡의 조성을 알려주고 악보 음표마다 ♭을 하나하나 붙이는 번거로움을 덜어냅니다.

A Major 조표

E♭ Major 조표

## 12 keys Major Scale

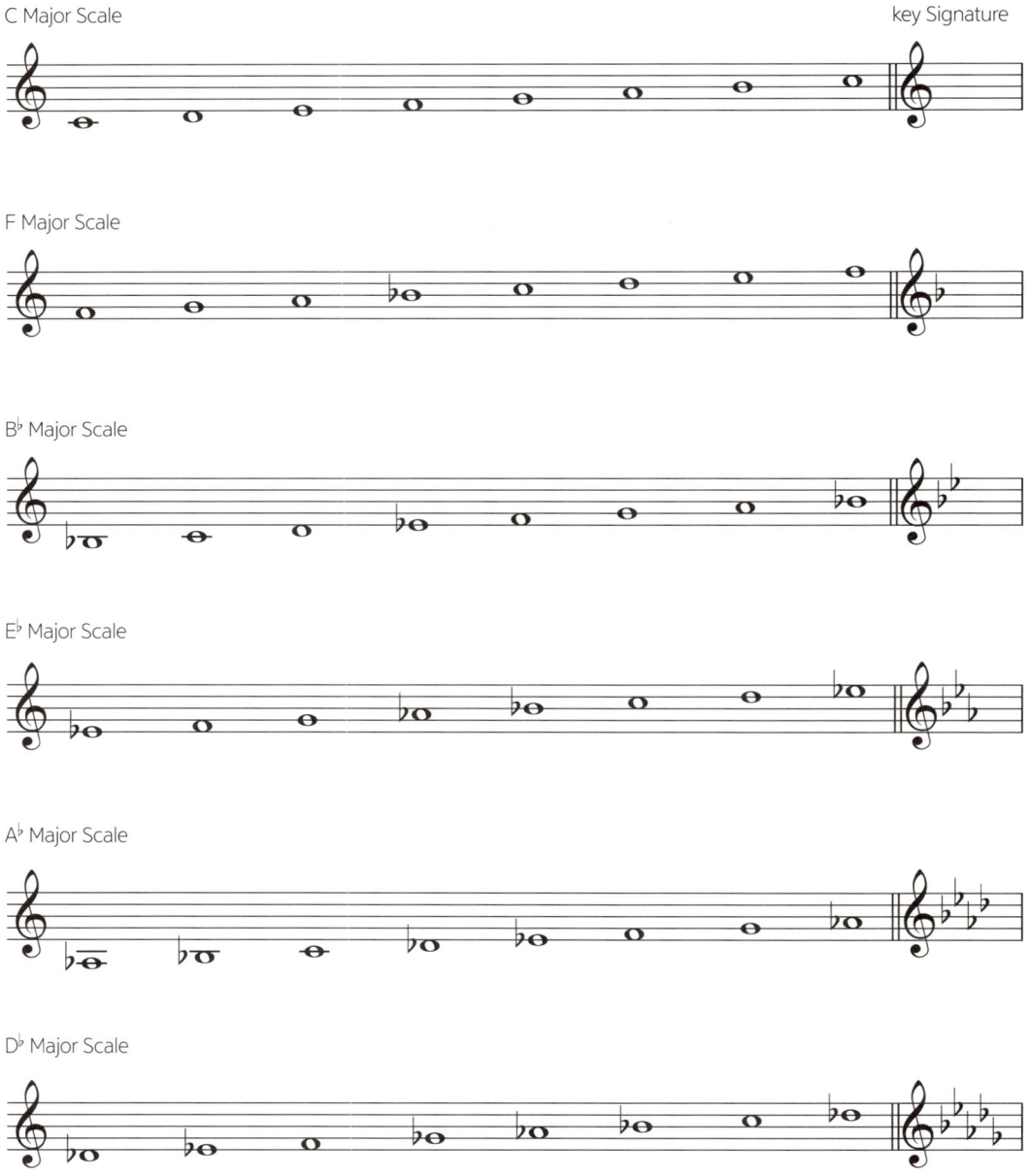

G♭( = F♯) Major Scale

B Major Scale

E Major Scale

A Major Scale

D Major Scale

G Major Scale

## ② 단음계(minor Scale)

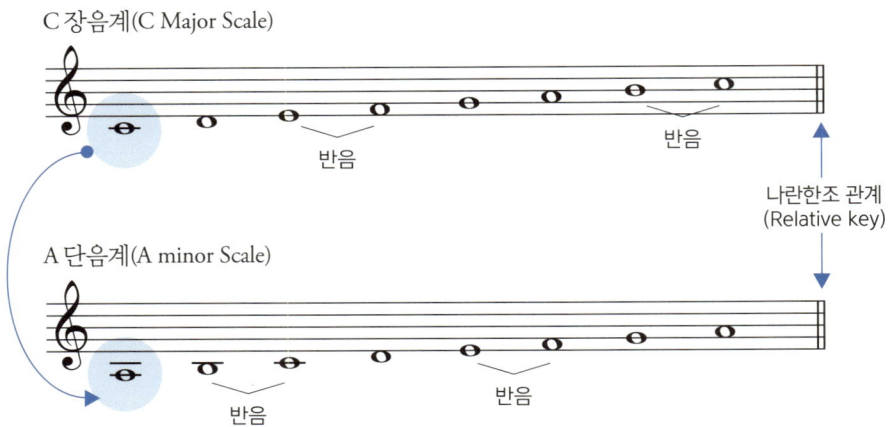

C 장음계(C Major Scale)

A 단음계(A minor Scale)

나란한조 관계
(Relative key)

단음계(minor Scale)는 우리가 많이 부르는 계이름 중 '라–시–도–레–미–파–솔–라'로 생각해도 좋습니다. 앞서 배운 장음계의 여섯번 째 음부터 시작한다고 계산해도 되고, 전체 음계가 단3도 밑으로 내려와 장음계와 나란히 놓여있다고 생각해도 됩니다. 단음계에서는 2–3음, 5–6음이 반음 관계가 됩니다.

두 음계를 으뜸음을 'C'로 맞춰 다시 한번 생각해 봅시다.

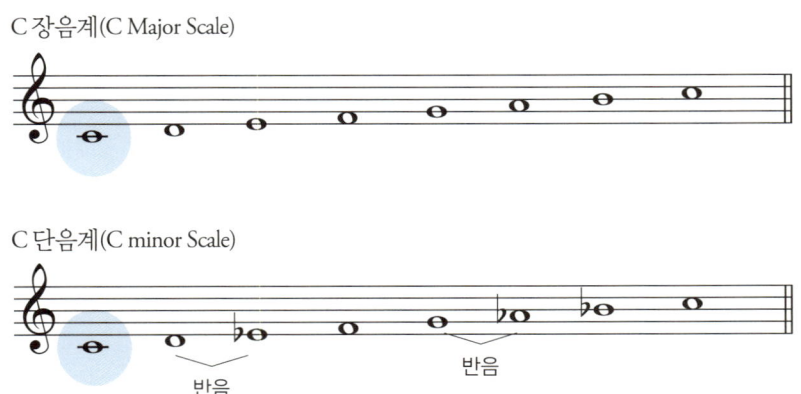

C 장음계(C Major Scale)

C 단음계(C minor Scale)

으뜸음을 맞추니 두 음계의 비교가 쉬워집니다. 장음계에서 3음, 6음, 7음이 ♭(반음 내림)되어서 단조의 슬프고 어두운 분위기를 만들어냅니다.

다시 한번 장음계를 기준으로 정리해 봅시다.

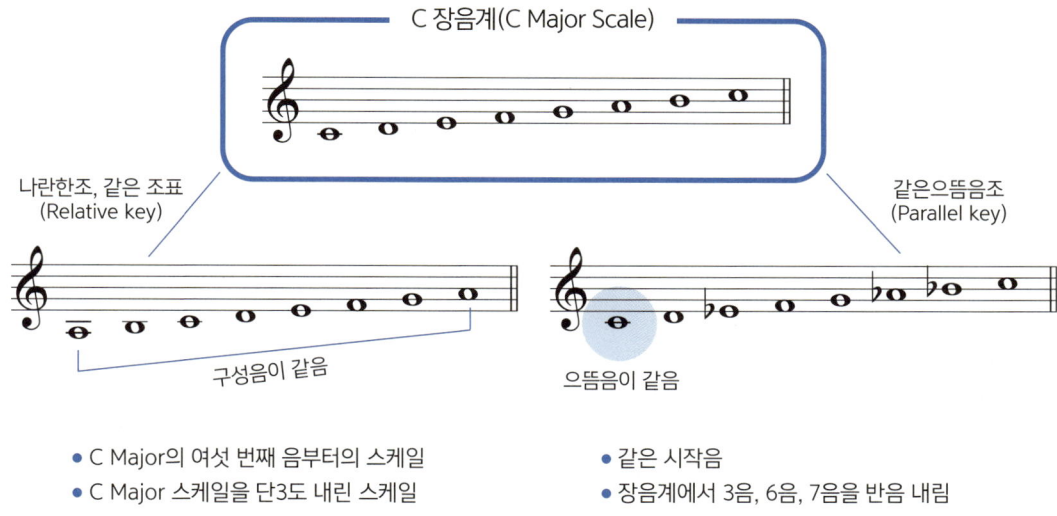

C 장음계(C Major Scale)

나란한조, 같은 조표
(Relative key)

같은으뜸음조
(Parallel key)

구성음이 같음

으뜸음이 같음

- C Major의 여섯 번째 음부터의 스케일
- C Major 스케일을 단3도 내린 스케일

- 같은 시작음
- 장음계에서 3음, 6음, 7음을 반음 내림

**예시 1** G minor Scale 찾는 방법

① Relative key (나란한조) 사용

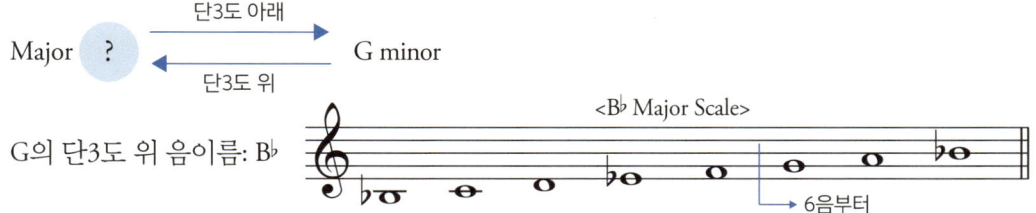

단3도 아래

Major ?  → G minor

단3도 위

G의 단3도 위 음이름: B♭

<B♭ Major Scale>

6음부터

② Parallel key (같은으뜸음조) 사용

Major **G** = **G** minor (같은으뜸음)

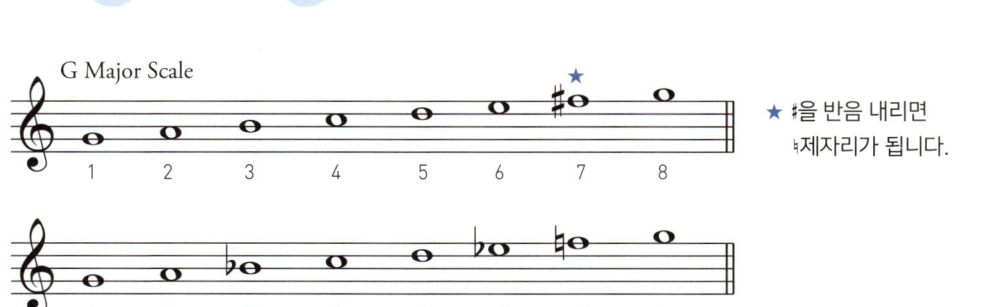

G Major Scale

1  2  3  4  5  6  7  8

★ #을 반음 내리면
♮제자리가 됩니다.

1  2  ♭3  4  5  ♭6  ♮7  8

1. 주어진 음을 시작으로 하는 스케일을 적은 후 조표를 그리세요.

① E Major Scale

② B♭ Major Scale

③ D minor Scale

④ E minor Scale

2. 다음 스케일의 이름을 쓰고, 반음 관계에 1/2표시( ∨ )하세요.

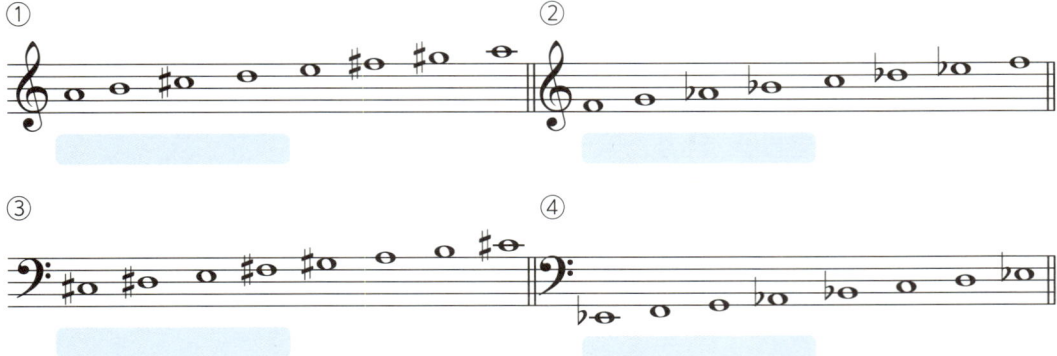

3. 다음 장음계(Major Scale)의 나란한조와 같은으뜸음조의 단음계(minor Scale)을 그리세요.

① D Major Scale(라장조 음계)

② E♭ Major Scale(내림마장조 음계)

③ B♭ Major Scale(내림나장조 음계)

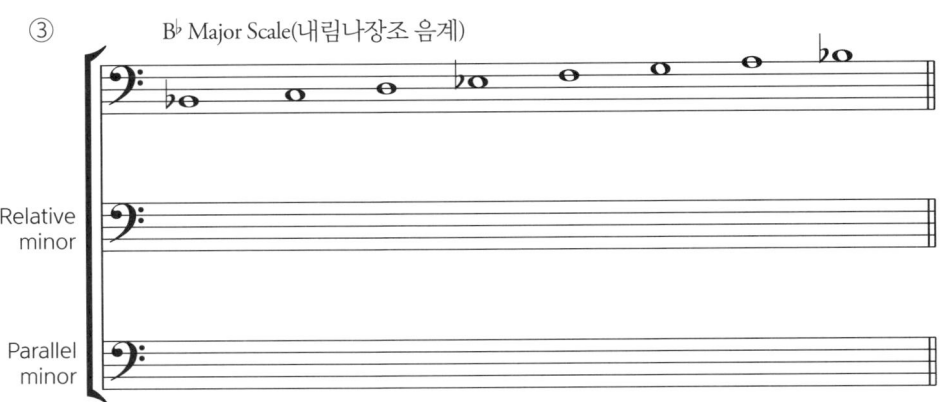

## ③ 3가지 단음계(The 3 minor Scale)

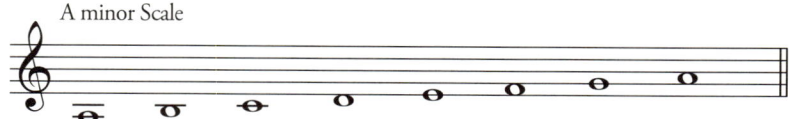

A minor Scale

C Major와 같은 구성음과 조표를 가진 A minor는 나란한조 관계(Relative key)이고, 특별히 이 음계를 '자연단음계'(Natural minor)라고 합니다. 장음계의 구성음을 변화시키지 않고 시작음만 달리한 자연스러운 단음계라는 의미입니다.

다시 'C'를 으뜸음으로 하여 바꿔보면,

C Natural minor

자연단음계는 장음계에 비해 3음, 6음, 7음이 반음 내려와 있습니다. 여기에 6음, 7음에 변화를 주어 같은 단조이지만, 화성적, 선율적 다른 느낌을 주는 마이너 스케일이 사용되는데 바로 화성단음계(Harmonic minor)와 가락 단음계(Melodic minor)입니다.

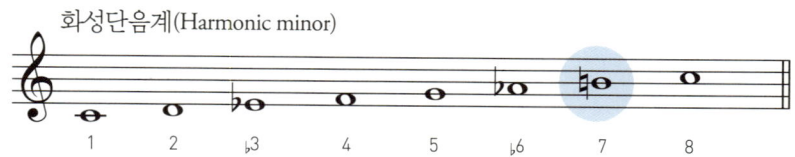

화성단음계(Harmonic minor)

화성단음계는 자연단음계의 7음을 반음 올려 바로 뒤의 으뜸음으로 가깝게 진행하는 이끔음(Leading Tone)의 역할을 합니다. 또한 5도부터 쌓는 화성*이 V7 ···▸ Im로의 종지감을 주어 더 화성적으로 짜임새 있는 소리를 만들어냅니다.

---

* Chapter 5 온음계적 화성에서 자세히 설명합니다.

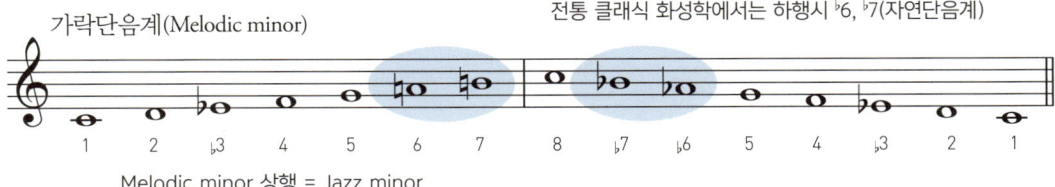

가락단음계(Melodic minor)

전통 클래식 화성학에서는 하행시 ♭6, ♭7(자연단음계)

Melodic minor 상행 = Jazz minor

가락단음계는 자연단음계의 6, 7음을 반음 올려 다른 단음계보다 다소 밝은 소리를 냅니다. 전통 화성학에서는 하행시 다시 6, 7음을 반음 내려 자연단음계의 하행과 같은 구성을 가집니다. 그러나 재즈 화성학에서는 가락단음계의 상행만을 재즈 마이너 스케일(Jazz minor Scale)이라고 부르고 연주와 작곡에 많이 사용됩니다.

장/단음계를 같은 으뜸음으로 정리해 봅시다.

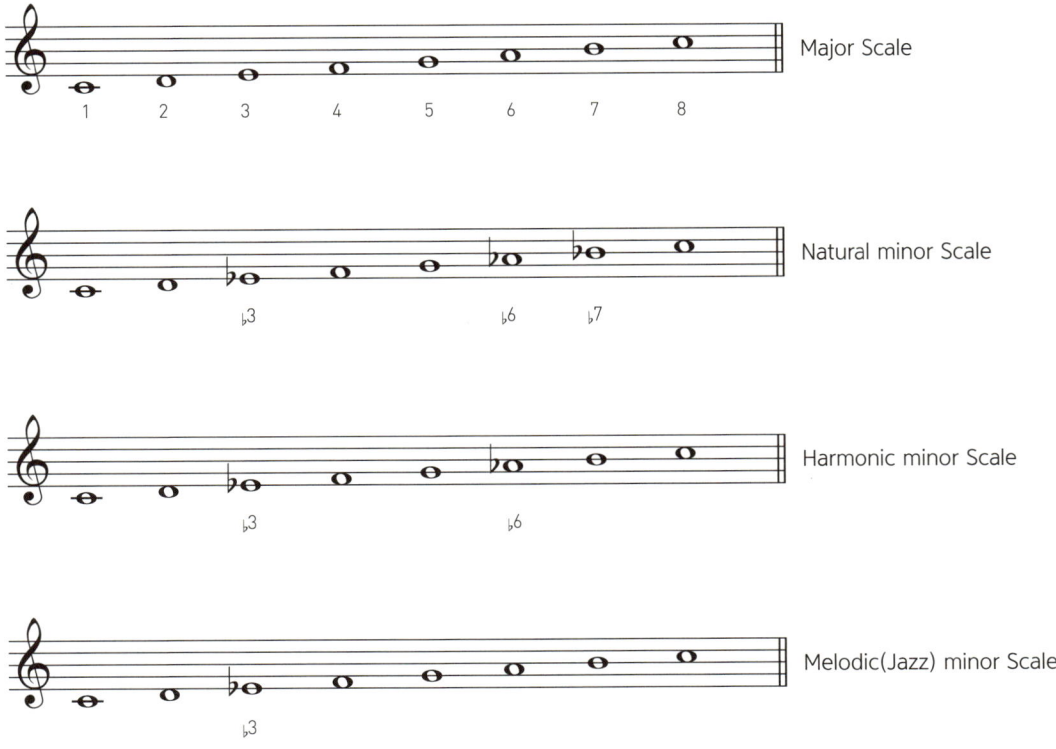

장/단음계뿐만 아니라 굉장히 많은 종류의 스케일이 있고, 조성이 모두 다르게 쓰일 수 있으므로 숫자로 외우기를 권장합니다. 스케일을 기억하고 암기하는 숫자의 기준은 장음계(Major Scale)입니다. 숫자의 기준(1-2-3-4-5-6-7)이 되어 자연단음계(Natural minor)는 ♭3, ♭6, ♭7, 화성단음계(Harmonic minor)는 ♭3, ♭6 그리고 가락단음계(Melodic minor)는 ♭3 이렇게 외우면 12 Key로의 전조와 연주가 수월해집니다.

| 스케일 | 숫자(Number) | | | | | | |
|---|---|---|---|---|---|---|---|
| 장음계 | 1 | 2 | 3 | 4 | 5 | 6 | 7 |
| 자연단음계 | 1 | 2 | ♭3 | 4 | 5 | ♭6 | ♭7 |
| 화성단음계 | 1 | 2 | ♭3 | 4 | 5 | ♭6 | 7 |
| 가락단음계 | 1 | 2 | ♭3 | 4 | 5 | 6 | 7 |

세 가지의 마이너 스케일을 소리로 확인하고 작곡이나 연주시 선택하여 사용합니다. 기존의 재즈 곡이나 동요, 가요의 멜로디와 코드를 분석해 보면 하나의 마이너 스케일만 사용하는 것이 아니라 한 곡 안에서도 세 개의 스케일이 섞여 사용되는 경우를 자주 볼 수 있습니다.

**예시 1** Autumn Leaves

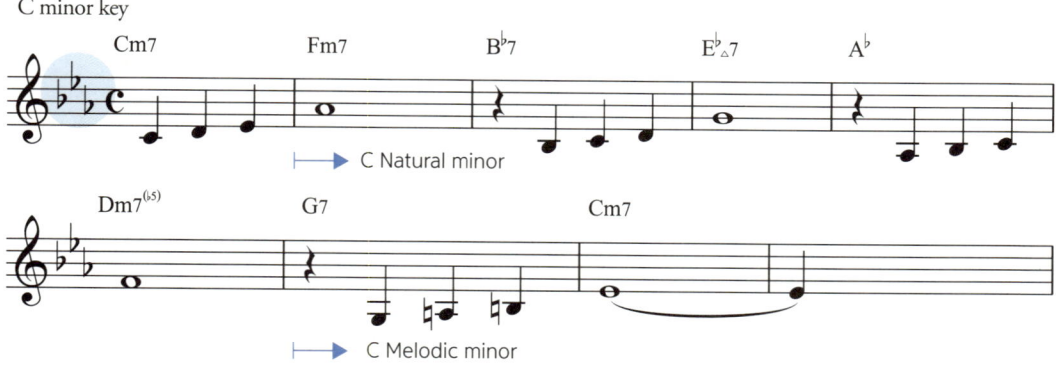

오늘날 많은 스케일과 모드로 복잡한 선율과 화성을 만들어내지만 그럼에도 불구하고 주로 창작되고 연주되며 화성의 기초가 되는 음계는 장/단음계입니다. 장조와 단조의 조성 체계와 음계에 대해 정확하고 바르게 이해할 때 기초가 탄탄한 작곡과 연주를 할 수 있습니다.

## 🔍 문제

1. 오선에 알맞은 스케일을 그리세요.

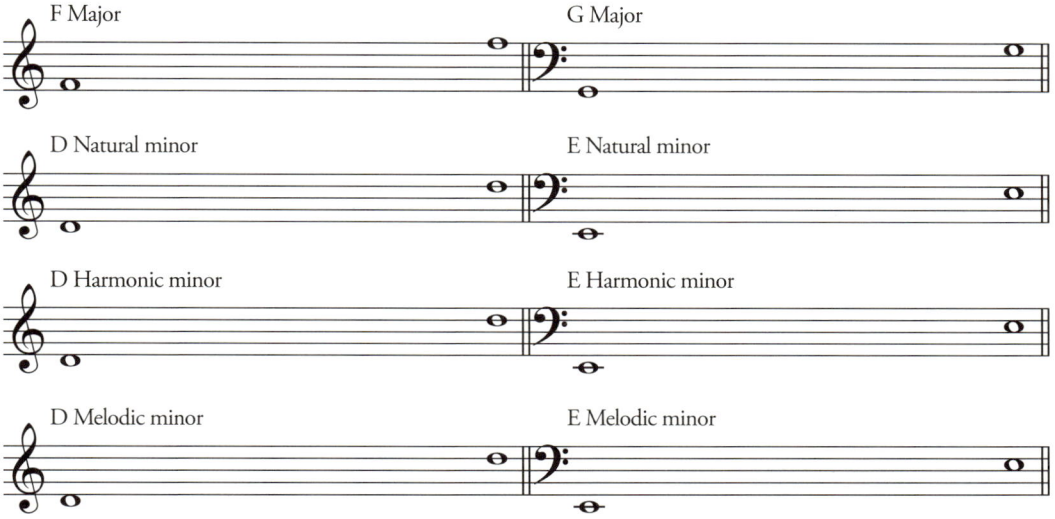

2. 오선에 알맞은 스케일을 그리세요.

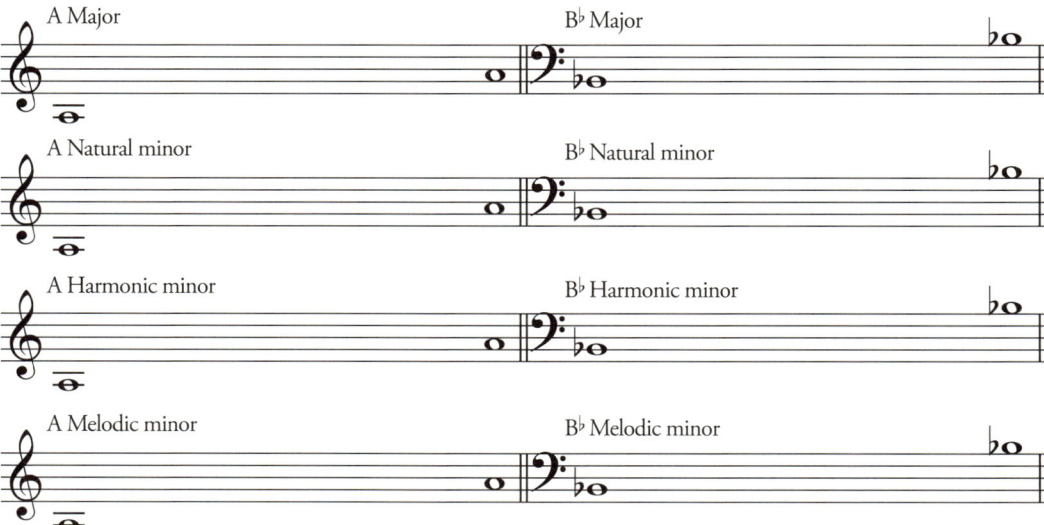

## 3. 다음 표시된 음계의 이름을 쓰세요.

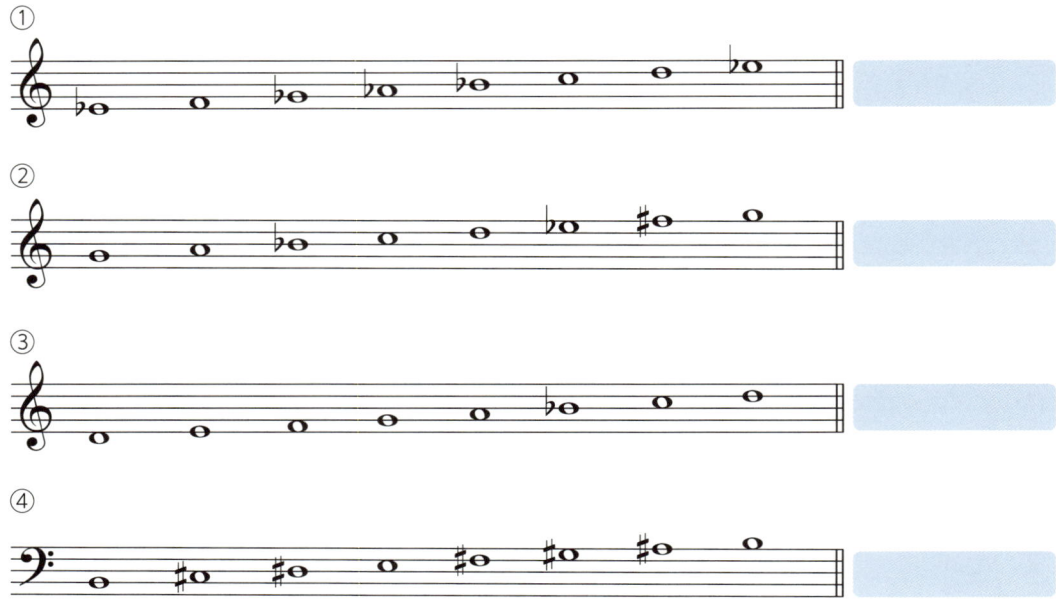

① 

② 

③ 

④ 

## 4. 다음 명시된 스케일의 음을 오선 위에 그리세요.

① F Harmonic minor

② B Natural minor

③ G♭ Major

④ E♭ Melodic minor

5. 다음 멜로디에 사용된 스케일의 이름을 쓰세요. (끝음이 1음 'Do')

예시 1

1음 'Do'

G Natural minor

① 

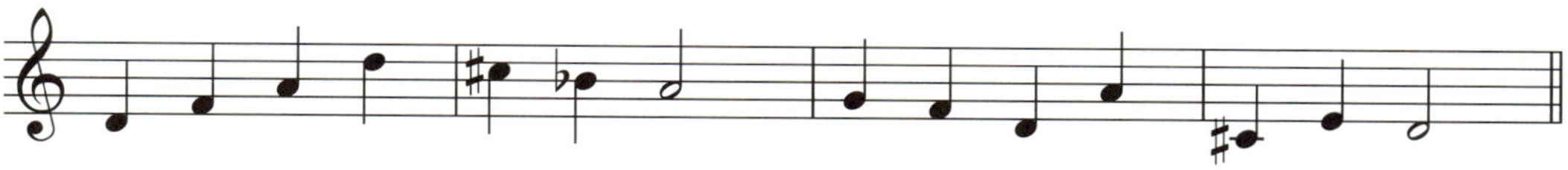

② 

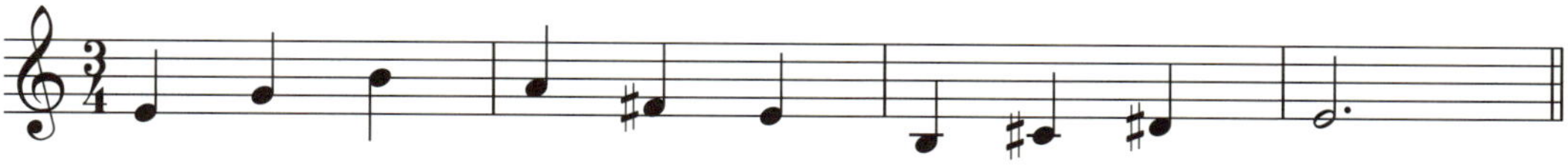

③ 

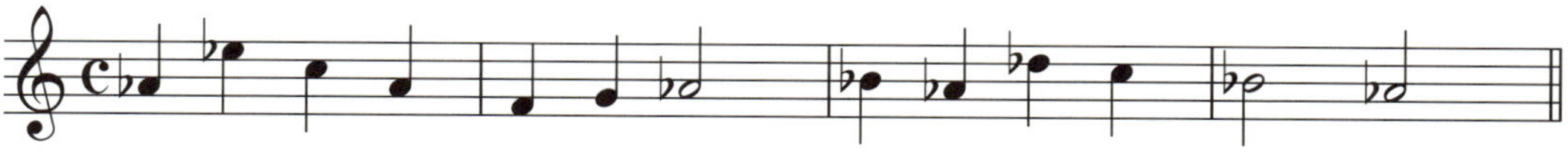

④

# Chapter 4

# 화성(The Harmony)

둘 이상의 음이 동시에 울리며 생기는 화음의 연결을 '화성'
(Harmony)이라고 합니다. 멜로디, 리듬과 함께 음악을 이루는
3요소 중 하나이며, 멜로디를 꾸며 음악의 전체적인 조화를
형성합니다.

두 음 이상 동시에 울리는 수직적 배열과 그 화음이 연결되
는 수평적 진행의 어울림을 말합니다.

두 음의 간격인 음정(Interval), 3개의 구성음을 가진 3화음
(Triad) 그리고 4개의 구성음을 가진 7화음(7th Chord)에 대해
배워보도록 합니다.

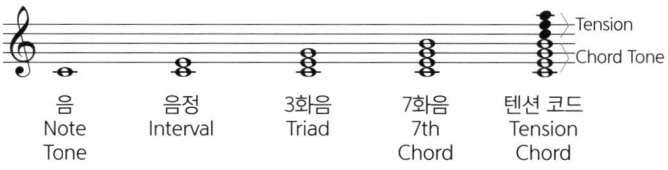

| 음<br>Note<br>Tone | 음정<br>Interval | 3화음<br>Triad | 7화음<br>7th<br>Chord | 텐션 코드<br>Tension<br>Chord |
|---|---|---|---|---|

# ① 음정(The Interval)

두 음 사이의 간격 또는 거리를 '음정'이라고 합니다. 음정은 음악의 언어를 이해하는데 중요하며, 멜로디를 작곡하고 스케일과 코드의 구조와 기능을 배우는데 필요한 기본 개념입니다.

음정을 세는 단위는 '○도' 혹은 ○° 입니다. 장3도, 완전5도, 6° 이렇게 읽고 표기합니다.

**숫자 세기**

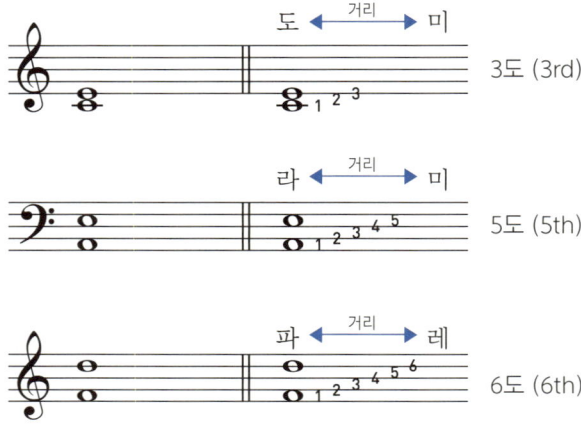

**C Major Scale에서의 음정**

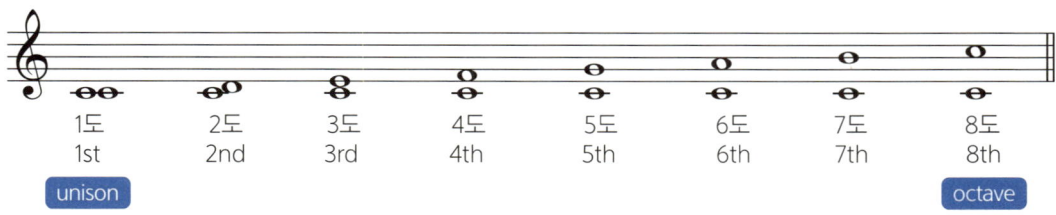

**음정의 종류**

두 음 간의 거리를 숫자로 나타내며 반음 단위로 더 정확한 거리를 계산할 수 있는데 이에 따라 음정의 종류가 달라집니다.

| 음정의 종류 | 영어 명칭 | 사용 도 수 |
|---|---|---|
| 완전음정 | Perfect (P) | 1 4 5 8 |
| 장음정 | Major (M) | 2 3 6 7 |
| 단음정 | minor (m) | 2 3 6 7 |
| 증음정 | Augmented (Aug) | 모든 음정 |
| 감음정 | Diminished (Dim) | 모든 음정 |

겹증음정 double Augmented / 겹감음정 double Diminished

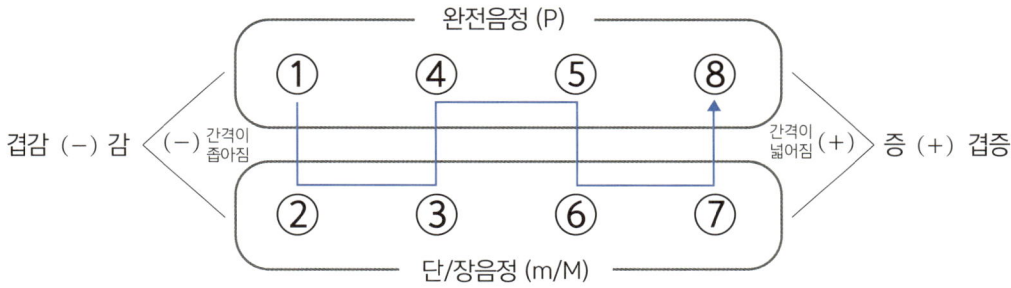

우리에게 익숙한 장음계 상의 음들은 으뜸음부터 모두 완전(P) 장(M)음정입니다.

두 음 중에서 밑음의 장음계 상에 있는 음정이 완전/장음정이므로 이것을 기준으로 하여 반음이 넓어졌는지 좁아졌는지를 계산하면 정확한 음정의 종류를 알 수 있습니다.

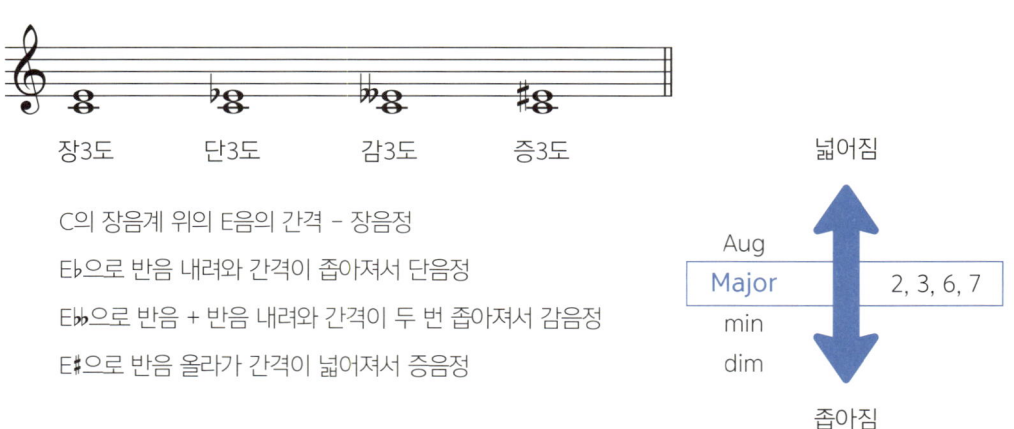

**예시 1**

장3도　단3도　감3도　증3도

C의 장음계 위의 E음의 간격 – 장음정

E♭으로 반음 내려와 간격이 좁아져서 단음정

E♭♭으로 반음 + 반음 내려와 간격이 두 번 좁아져서 감음정

E♯으로 반음 올라가 간격이 넓어져서 증음정

넓어짐

Aug
Major　　2, 3, 6, 7
min
dim

좁아짐

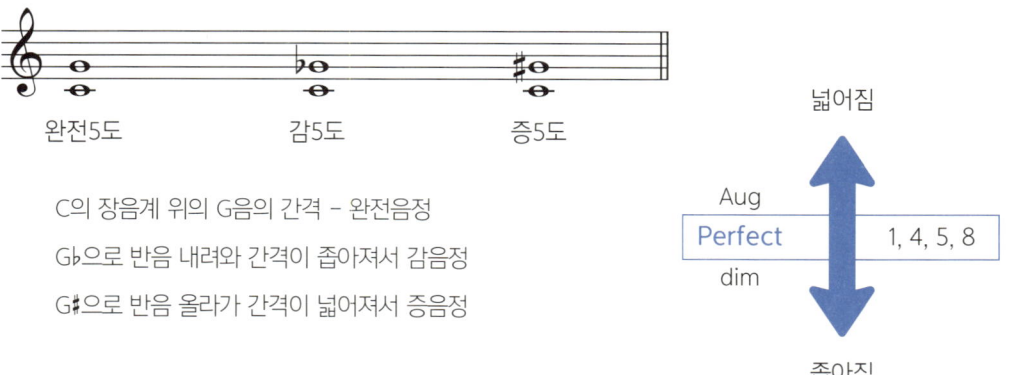

**예시 2**

완전5도　감5도　증5도

C의 장음계 위의 G음의 간격 – 완전음정

G♭으로 반음 내려와 간격이 좁아져서 감음정

G♯으로 반음 올라가 간격이 넓어져서 증음정

넓어짐

Aug
Perfect　　1, 4, 5, 8
dim

좁아짐

건반을 보며 반음의 갯수로 음정을 계산할 수도 있습니다.

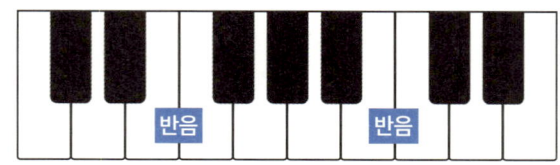

반음　반음

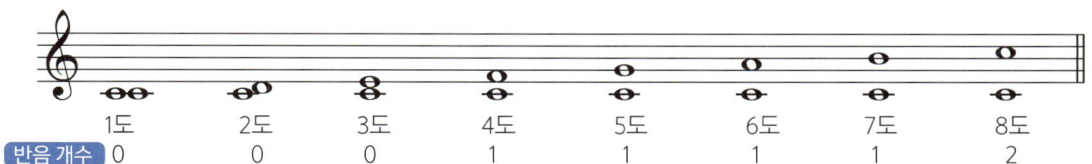

| | 1도 | 2도 | 3도 | 4도 | 5도 | 6도 | 7도 | 8도 |
|---|---|---|---|---|---|---|---|---|
| 반음 개수 | 0 | 0 | 0 | 1 | 1 | 1 | 1 | 2 |

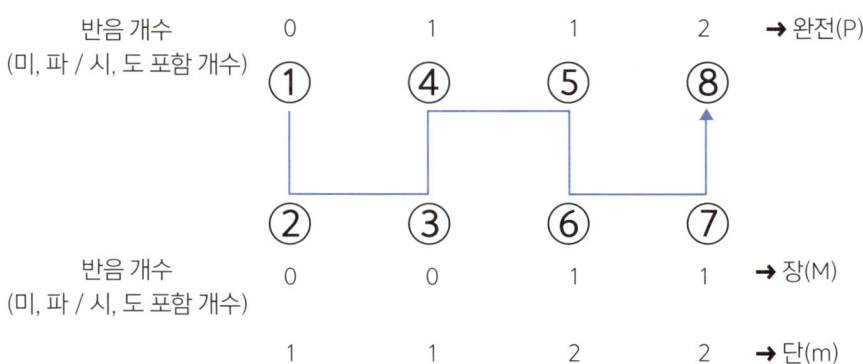

반음 개수
(미, 파 / 시, 도 포함 개수)    0    1    1    2    ➜ 완전(P)

① ④ ⑤ ⑧

② ③ ⑥ ⑦

반음 개수
(미, 파 / 시, 도 포함 개수)    0    0    1    1    ➜ 장(M)

1    1    2    2    ➜ 단(m)

**예시 1**

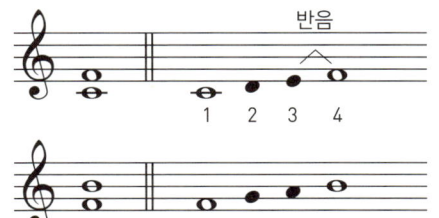

4도, 반음 1개 포함 ➜ 완전 4도(P 4th)

간격 넓어짐
4도, 반음 미포함 ➜ 증4도(Aug 4th)

**예시 2**

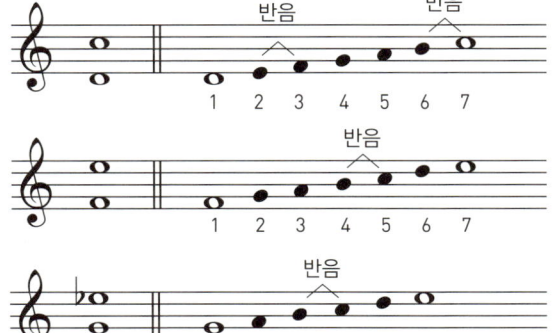

7도, 반음 2개 포함 ➜ 단7도(m 7th)

7도, 반음 1개 포함 ➜ 장7도(M 7th)

♭하나 추가
6도, 반음 1개 포함 ➜ 장6도 ➜ 단6도(m 6th)
간격 좁아짐

## 음정 계산

크게 두 가지로 정리할 수 있습니다. 장음계 계산법과 반음 개수 계산법입니다. 어느 것이 더 편리하고 좋다고 단정짓기 어려우므로 두 가지 설명을 보고 본인이 더 빠르고 정확하게 계산할 수 있는 방법을 선택합니다.

① 장음계 계산법

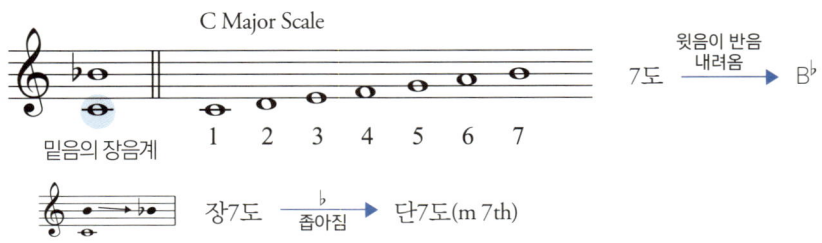

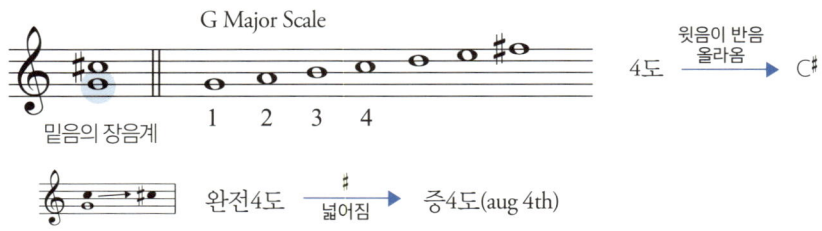

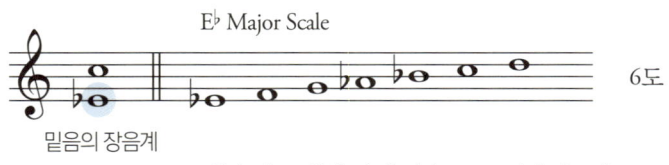

② 반음 개수 계산법

두 음 사이에 반음의 개수가 몇 개인지 셈하여 음정의 종류를 맞추는 방법입니다. 피아노 건반을 그려 놓고 '미-파' 반음, '시-도' 반음을 포함하는지 보며 계산하면 훨씬 수월합니다.

| 음정 | 완전1도 | 장2도 | 장3도 | 완전4도 | 완전5도 | 장6도 | 장7도 | 완전8도 |
|------|---------|-------|-------|---------|---------|-------|-------|---------|
| 반음 개수 | 0 | 0 | 0 | 1 | 1 | 1 | 1 | 2 |

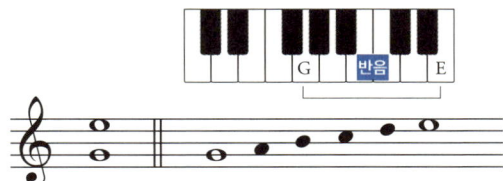

6도, 반음 1개 포함 ➡ 장6도(M 6th)

윗음이 반음 내려감

6도, 반음 1개 포함 ➡ 장6도 ➡ 단6도(m 6th)

간격 좁아짐

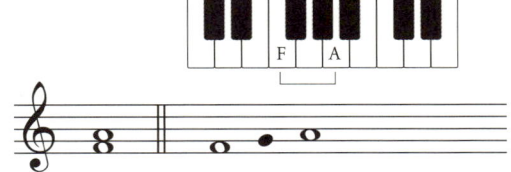

3도, 반음 0개 ➡ 장3도(M 3rd)

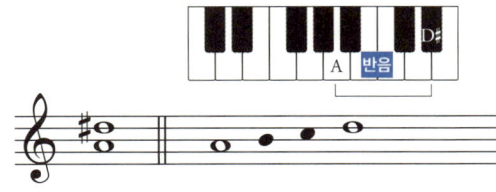

윗음이 반음 올라감

4도, 반음 1개 포함 ➡ 완전4도 ➡ 증4도(Aug 4th)

간격 넓어짐

두 음에 같은 임시표가 붙을 경우 임시표를 삭제하고 음정을 계산하면 더 쉽게 답을 얻을 수 있습니다.

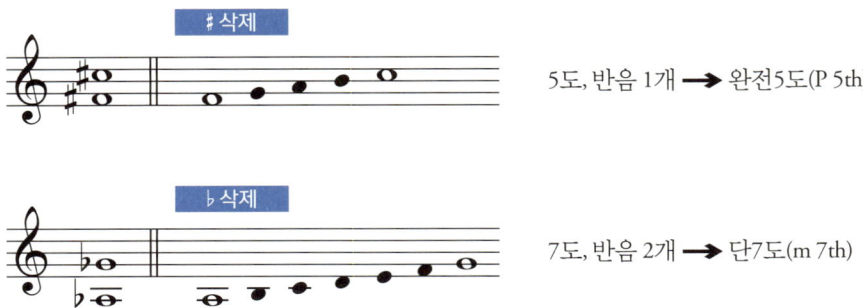

5도, 반음 1개 ➡ 완전5도(P 5th)

7도, 반음 2개 ➡ 단7도(m 7th)

② 복합음정(겹음정, Compound Interval)

옥타브(완전8도, Octave)가 넘는 9도 이상의 음정을 복합음정(겹음정, Compound Interval)이라고 합니다. 실용음악에서 사용되는 텐션(Tension) 계산을 위해 반드시 알아야 하는 음정입니다.

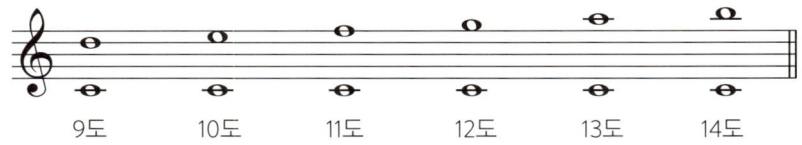

9도　　　10도　　　11도　　　12도　　　13도　　　14도

밑음을 옥타브로 올리거나 윗음을 옥타브 아래로 내려 앞서 배운 음정 계산법으로 적용 후 +7(더하기 7)하면 됩니다.

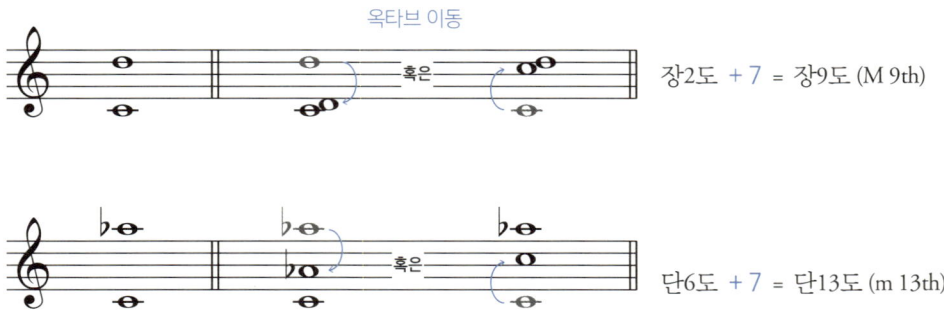

옥타브 이동

장2도 + 7 = 장9도 (M 9th)

단6도 + 7 = 단13도 (m 13th)

옥타브 이동

감5도 + 7 = 감12도 (dim 12th)

혹은

증2도 + 7 = 증9도 (aug 9th)

혹은

증4도 + 7 = 증11도 (aug 11th)

복합음정이 코드네임에 사용시 이렇게 표현됩니다.

완전(P), 장(Major) ➡ 숫자만
단(minor) ➡ ♭
증(Aug) ➡ ♯

장9도          단9도          증9도

증11도      단13도      장13도          장9도      완전11도

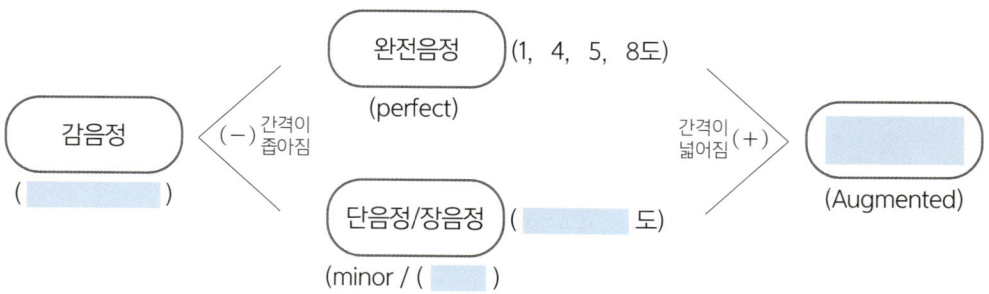

## 문제

1. 다음 빈칸을 채워보세요.

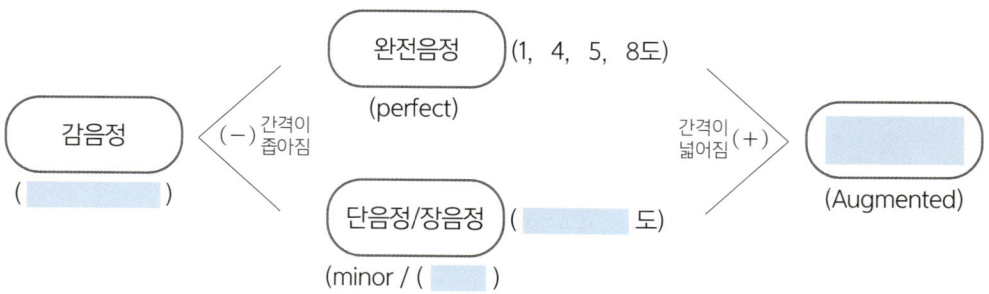

2. 다음 두 음의 음정 이름을 쓰세요.

① 

②

③

④

(     )   (     )   (     )   (     )

3. 주어진 음을 밑음으로 하는 음정의 음표를 그리세요.

① 

장2도    증4도    장6도    단3도

②

단6도    감5도    단2도    완전8도


4. 다음 두 음의 음정 이름(복합음정)을 쓰세요.

①

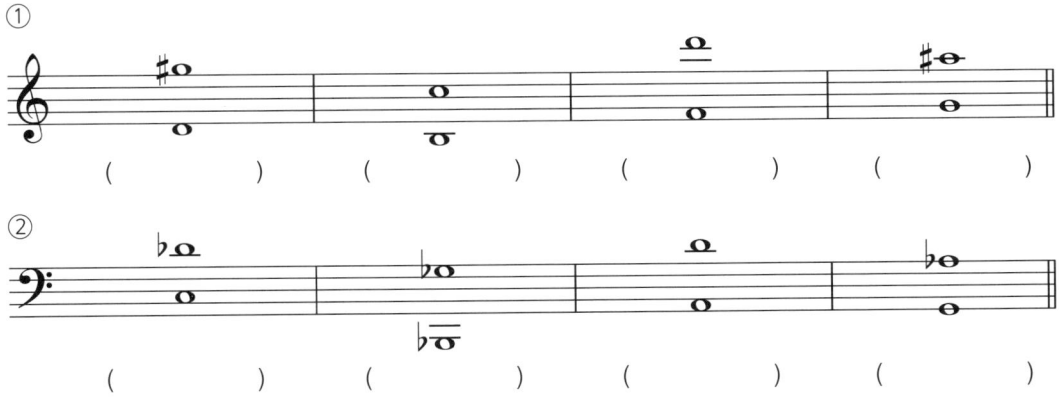

(        )    (        )    (        )    (        )

②

(        )    (        )    (        )    (        )


5. 주어진 음을 밑음으로 하는 음정의 음표를 그리세요.

①

증9도    단9도    장13도    증11도

②

완전11도    장9도    단13도    완전12도

3화음(Triads)이란 기초음(Root, 근음) 위에 3도씩 쌓아올린 3개의 구성음을 가진 화음을 말합니다.
근음부터 3도, 5도 위의 음을 쌓아올렸다고 이해하셔도 좋습니다.

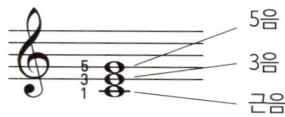

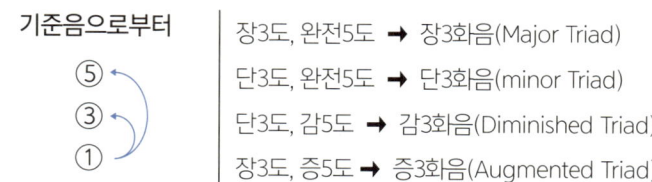

이렇게 기준음부터 구성음의 거리로 이해하고 암시하는 것이 앞으로 7화음과 비화성음(Tension,
텐션)까지 화음의 구조를 이해하는데 좋습니다.
장음계를 기준으로 다른 스케일을 비교하며 이해하고 암기하듯, 화음도 장3화음을 기준으로
계산할 수 있습니다.

C ⇐ 코드(Root의 음이름을 영어 대문자로 표기)

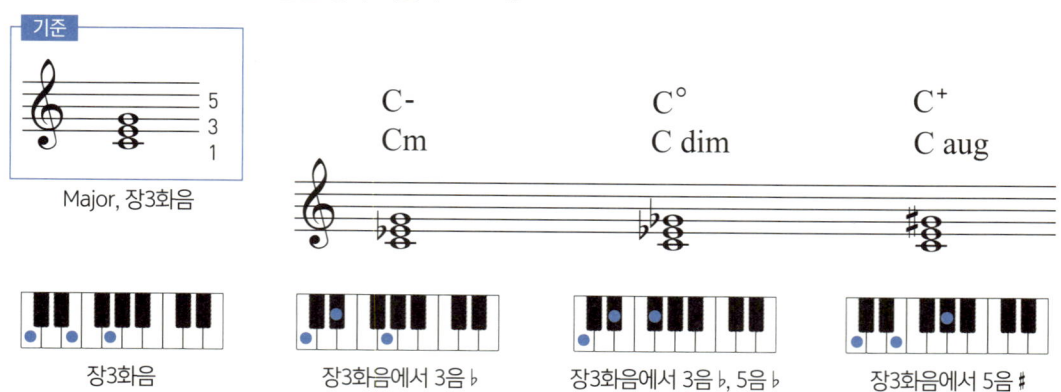

3도 간격의 구성음이 아닌 근음으로부터 완전4도, 완전5도 간격의 음을 쌓아올린 sus4 Triad가 있습니다.

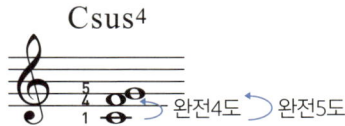

3음 대신 4음이 사용된 것으로 클래식 음악보다는 재즈, 팝, 가요 등 실용음악에 많이 사용됩니다. 장음계의 3–4음은 반음 관계이므로 일반적으로는 sus4 음이 3음으로 해결되는 코드 진행이 자주 등장합니다.

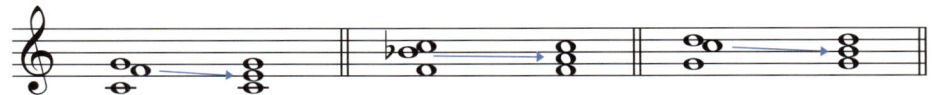

이렇게 총 다섯 종류의 3화음을 다시 정리해 봅니다.

| 코드의 종류 | 장3화음 (major) | 단3화음 (minor) | 감3화음 (Diminished) | 증3화음 (Augmented) | 서스포 (suspended 4) |
|---|---|---|---|---|---|
| 코드 네임 | C | C- | Cdim | Caug | Csus4 |
| | | Cm | C° | C⁺ | |
| 구성음 | | | | | |
| 음계상 숫자 | 1, 3, 5 | 1, ♭3, 5 | 1, ♭3, ♭5 | 1, 3, ♯5 | 1, 4, 5 |

같은 표기
- Cm = C- = Cmin
- Cdim = C°
- Caug = C⁺ = C$^{(\sharp 5)}$

<12 key Triads>

| key \ Quality | 장(Major) | 단(minor) | 감(Dim) | 증(Aug) | sus4 |
|---|---|---|---|---|---|
| C | C | Cm | C° | C⁺ | Cˢᵘˢ⁴ |
| D♭=C♯ | D♭ (C♯) | D♭m (C♯m) | D♭° (C♯°) | D♭⁺ (C♯⁺) | D♭ˢᵘˢ⁴ (C♯ˢᵘˢ⁴) |
| D | D | Dm | D° | D⁺ | Dˢᵘˢ⁴ |
| E♭ | E♭ | E♭m | E♭° | E♭⁺ | E♭ˢᵘˢ⁴ |
| E | E | Em | E° | E⁺ | Eˢᵘˢ⁴ |
| F | F | Fm | F° | F⁺ | Fˢᵘˢ⁴ |
| G♭=F♯ | G♭ (F♯) | G♭m (F♯m) | G♭° (F♯°) | G♭⁺ (F♯⁺) | G♭ˢᵘˢ⁴ (F♯ˢᵘˢ⁴) |
| G | G | Gm | G° | G⁺ | Gˢᵘˢ⁴ |
| A♭ | A♭ | A♭m | A♭° | A♭⁺ | A♭ˢᵘˢ⁴ |
| A | A | Am | A° | A⁺ | Aˢᵘˢ⁴ |
| B♭ | B♭ | B♭m | B♭° | B♭⁺ | B♭ˢᵘˢ⁴ |
| B | B | Bm | B° | B⁺ | Bˢᵘˢ⁴ |

## 3화음 자리바꿈(Triad Inversion)

음의 상하 관계를 바꾸는 것을 '자리바꿈'(전위, Inversion)이라고 합니다. 3화음은 1, 3, 5음 3개로 구성되어 있는데, 근음(1음)이 제일 밑에 위치할 때 기본형, 3음이 밑에 올때는 첫째자리바꿈, 5음이 밑에 올때는 둘째자리바꿈이라고 합니다.

| 기본형 | 첫째자리바꿈(1전위) | 둘째자리바꿈(2전위) |
| Root Position | 1st Inversion | 2nd Inversion |

자리바꿈을 하더라도 코드의 이름과 성질이 바뀌지는 않습니다. 곡에 어울리는 화성의 높이나 앞뒤 화성과의 부드러운 연결을 위해 사용합니다.

예시

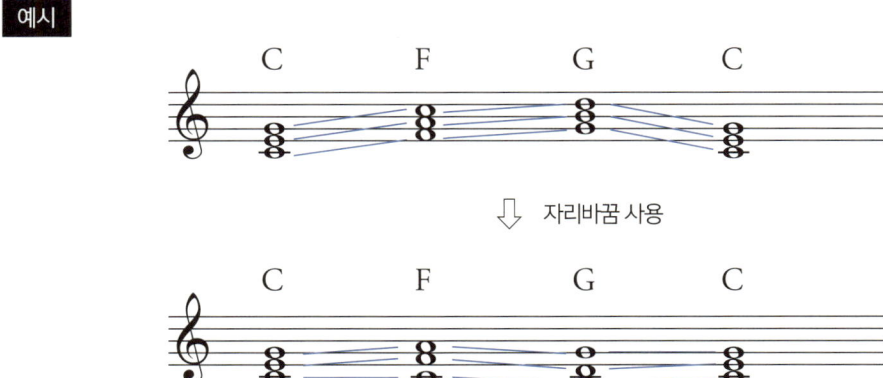

⬇ 자리바꿈 사용

자리바꿈을 사용하면 구성음들이 크게 도약하지 않고 자연스럽게 가까이 연결됩니다.

1. 다음 화음의 코드이름을 쓰세요.

2. 코드 이름에 맞는 구성음을 오선에 그리세요.

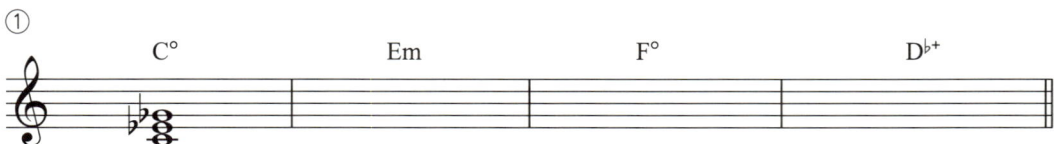

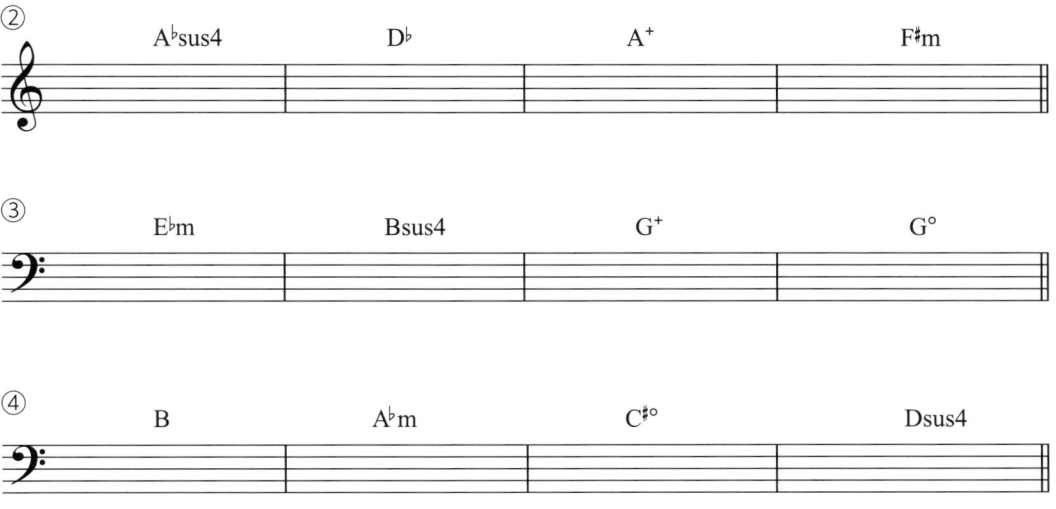

② A♭sus4        D♭        A⁺        F♯m

③ E♭m        Bsus4        G⁺        G°

④ B        A♭m        C♯°        Dsus4

3. 다음 전위코드를 오선 위에 그리세요.

① 

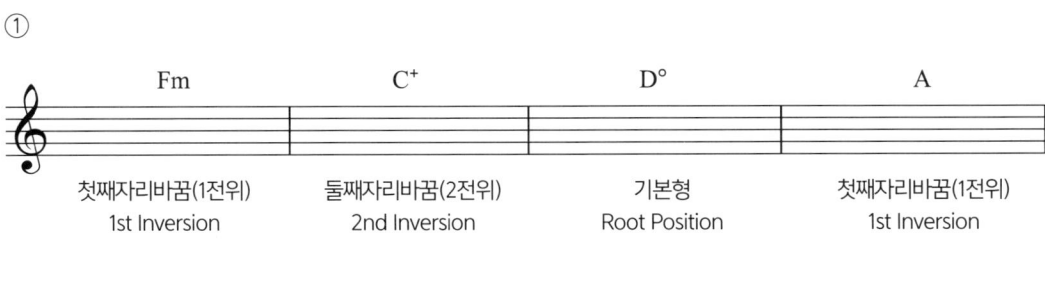

Fm        C⁺        D°        A

첫째자리바꿈(1전위)        둘째자리바꿈(2전위)        기본형        첫째자리바꿈(1전위)
1st Inversion        2nd Inversion        Root Position        1st Inversion

②

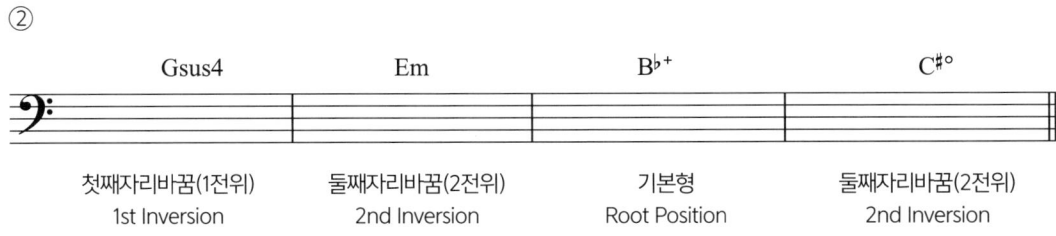

Gsus4        Em        B♭⁺        C♯°

첫째자리바꿈(1전위)        둘째자리바꿈(2전위)        기본형        둘째자리바꿈(2전위)
1st Inversion        2nd Inversion        Root Position        2nd Inversion

4. 다음 코드진행(voicing) 위에 코드 이름을 쓰세요.

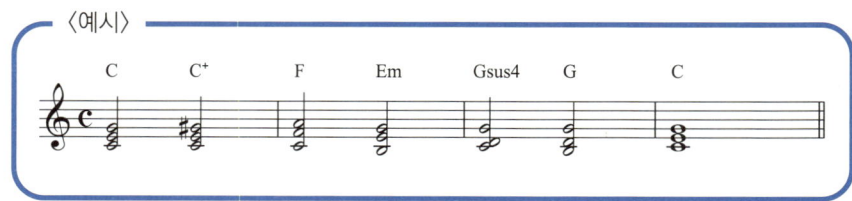

① 

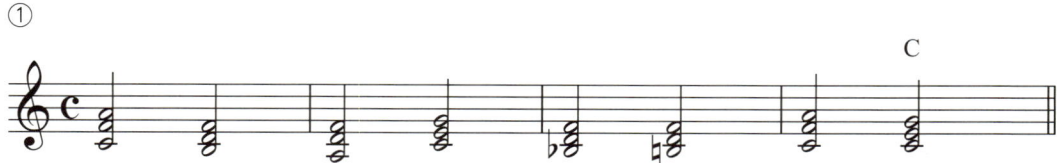

② 

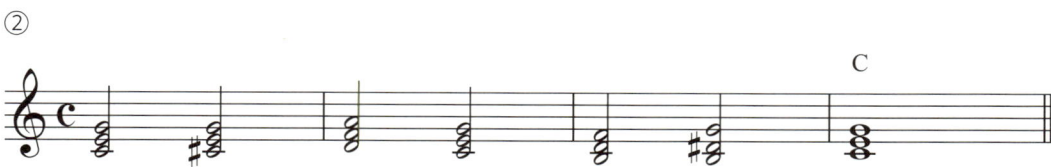

기초음(Root, 근음)으로부터 3음, 5음, 7음을 쌓아올려 4개의 구성음을 가진 화성을 '7화음'(7th chords)이라고 합니다.

### 7화음의 종류

① 3화음이 장, 단, 증, sus4일 경우

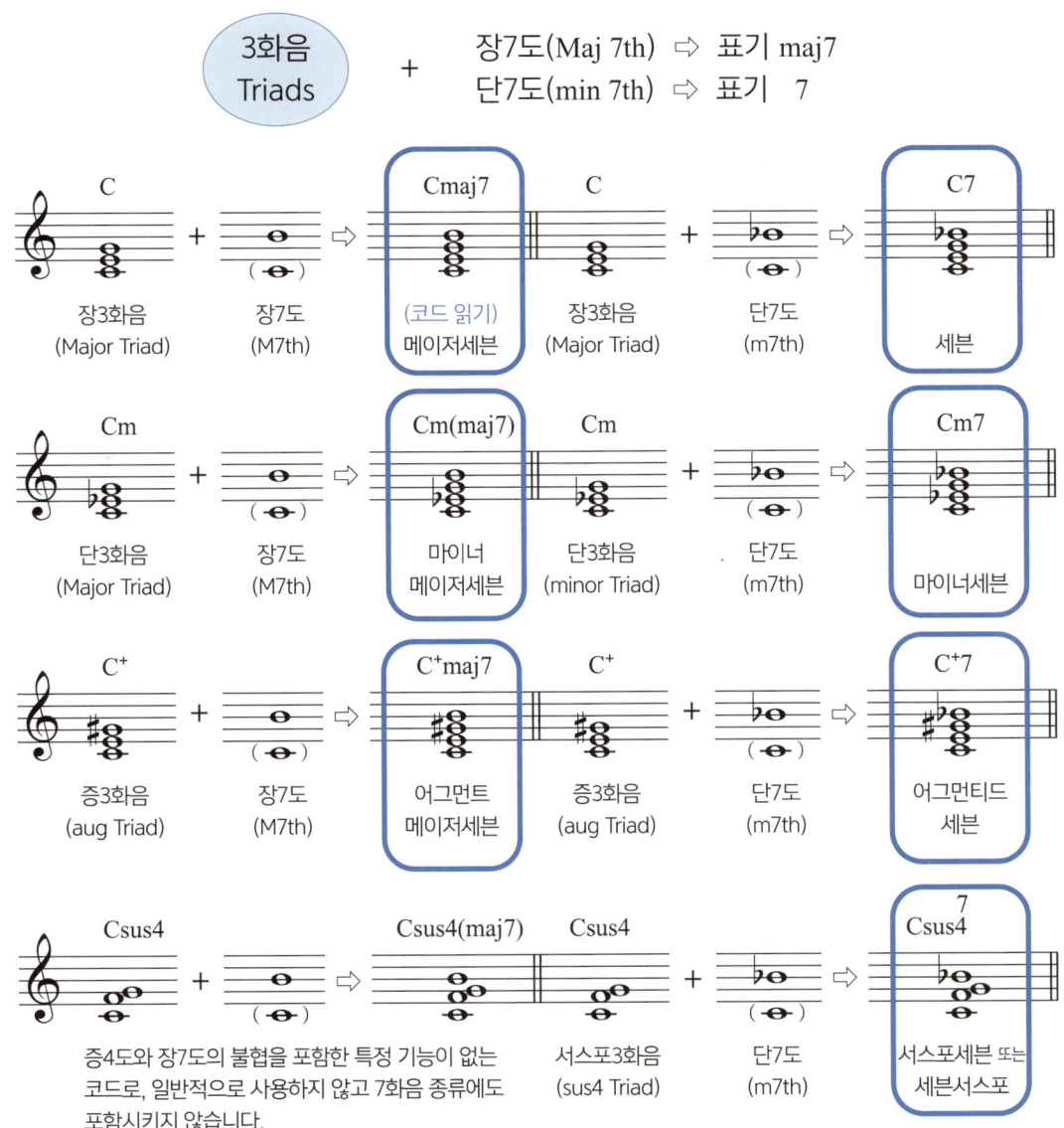

## ② 감3화음일 경우

⟸ 5음이 반음 내려와 있어 장7음을 쌓을 경우 5음과 7음 사이가 4도 간격으로 벌어집니다. 그래서 감화음 경우는 단7도와 감도의 7음을 쌓아 7화음을 만듭니다.

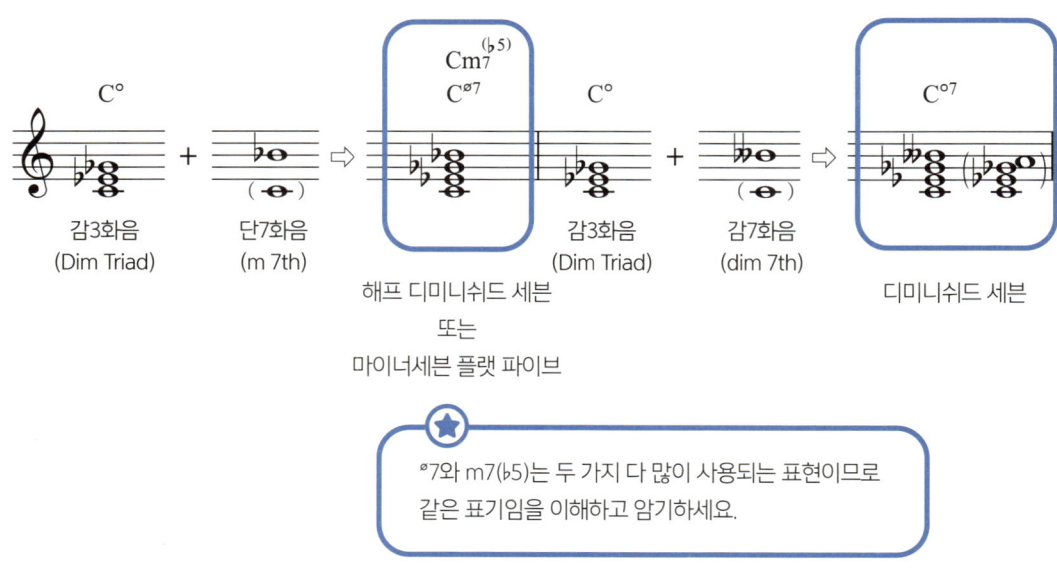

⭐ ø7과 m7(♭5)는 두 가지 다 많이 사용되는 표현이므로 같은 표기임을 이해하고 암기하세요.

## ③ 7음 대신 6음을 사용할 경우

장3화음, 단3화음일 때 7음 대신 장6도 간격의 6음을 사용하여 화성을 만들기도 합니다.

7음이 없지만 구성음이 4개이므로 7th chord 범주에 포함합니다.

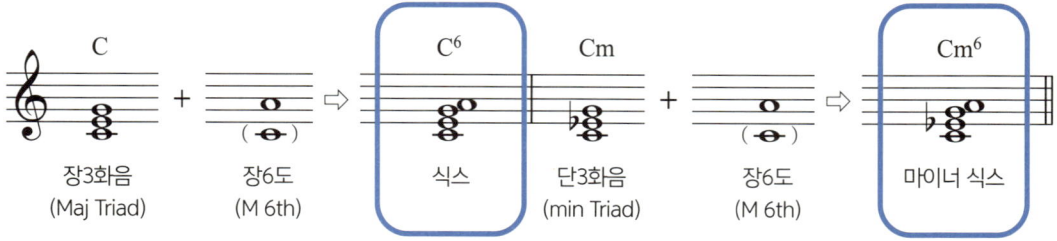

다시 정리해 보면 총 11가지의 7화음(7th chords)이 사용됨을 알 수 있습니다.

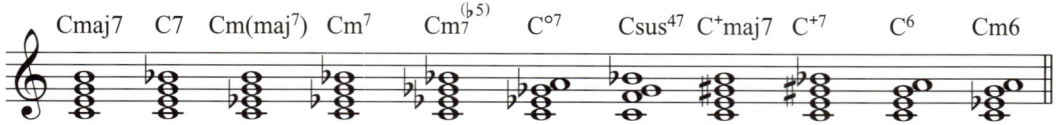

| 코드 종류 (코드 읽기) | 코드 표기 | C Root일 때 코드 표기 | C Root일 때 코드 구성음 | 피아노에서 코드 연주 |
|---|---|---|---|---|
| Maj7 | Maj7 △7 Maj7 MA7 | CMaj7 C△7 Cmaj7 CMA7 | | |
| 7 | 7 | C7 | | |
| m(maj7) | m(maj7) m(△7) | Cm(maj7) Cm(△7) | | |
| m7 | m7 - 7 min7 | Cm7 C-7 Cmin7 | | |
| ø7, m7(♭5) | ø7 ø m7(♭5) | Cø7 Cø Cm7(♭5) | | |
| °7 | dim7 °7 | Cdim7 C°7 | | |
| +△7 | aug(Maj7) +(△7) maj7(♯5) | Caug(maj7) C+△7 C△7(♯5) | | |
| +7 | aug7 +7 7(♯5) | Caug7 C+7 C7(♯5) | | |
| sus⁴7 | sus4⁷ 7sus4 | Csus4⁷ C7sus4 | | |
| 6 | 6 | C6 | | |
| m6 | m6 -6 | Cm6 C-6 | | |

## 7화음의 자리바꿈

음의 상하 관계가 바뀌어 최저음이 무엇인가에 따라 자리바꿈(Inversion)이 생깁니다.  7화음은
구성음이 4개라서 4가지 형태가 있습니다.

자리바꿈을 사용해 코드 구성음을 자연스럽게 연결하여 편곡하고 연주할 수 있습니다.

**예시**

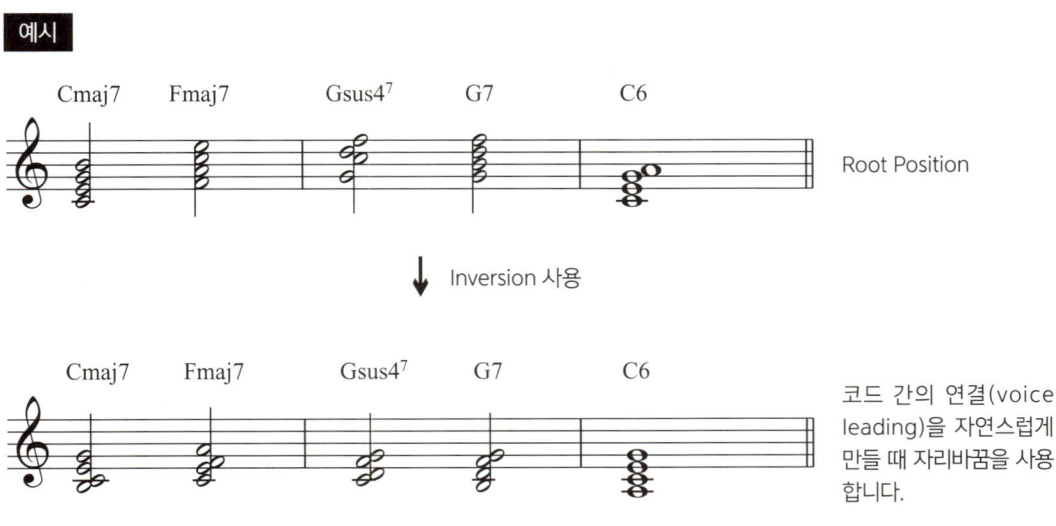

코드 간의 연결(voice leading)을 자연스럽게 만들 때 자리바꿈을 사용합니다.

🔍 │ 문제

1. 다음 화음의 코드이름을 쓰세요.(모두 기본형 Root Position)

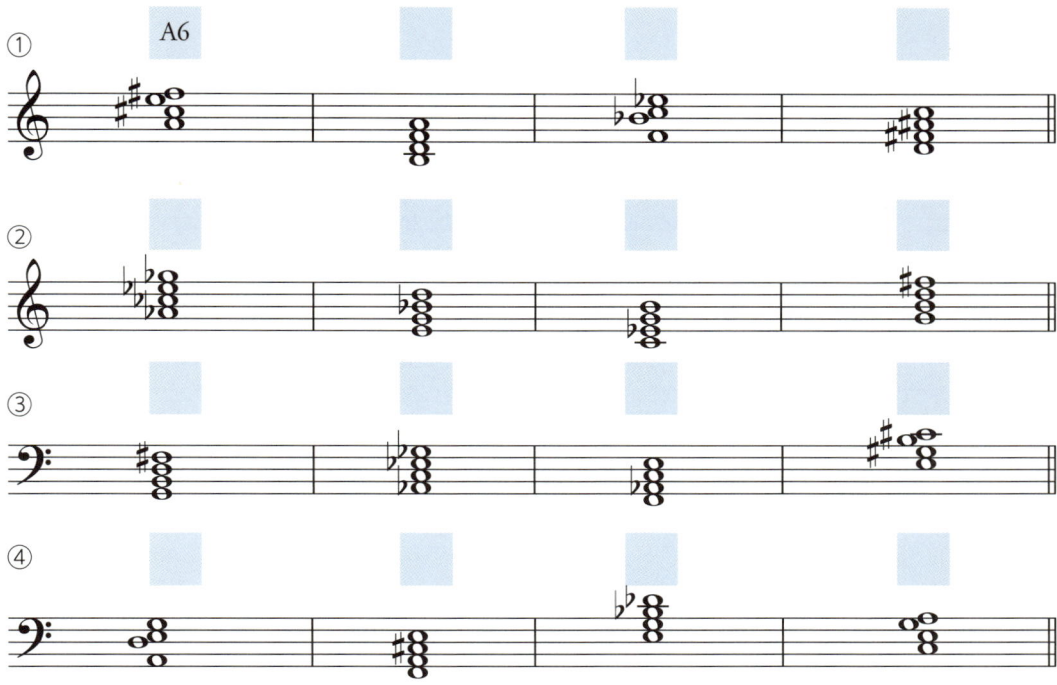

2. 코드 이름에 맞는 구성음을 오선에 그리세요.(Root Position으로 그리기)

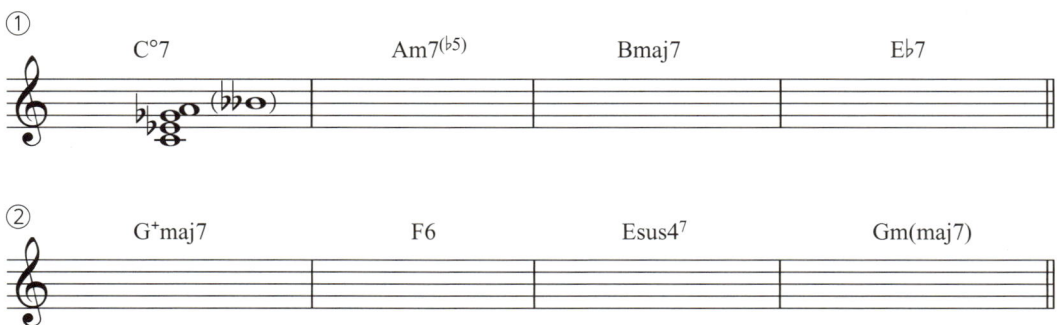

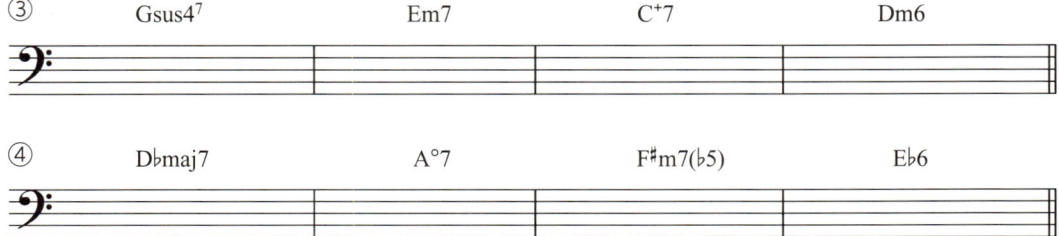

③ Gsus4⁷      Em7      C⁺7      Dm6

④ D♭maj7      A°7      F♯m7(♭5)      E♭6

## 3. 다음 전위 코드를 오선 위에 그리세요.

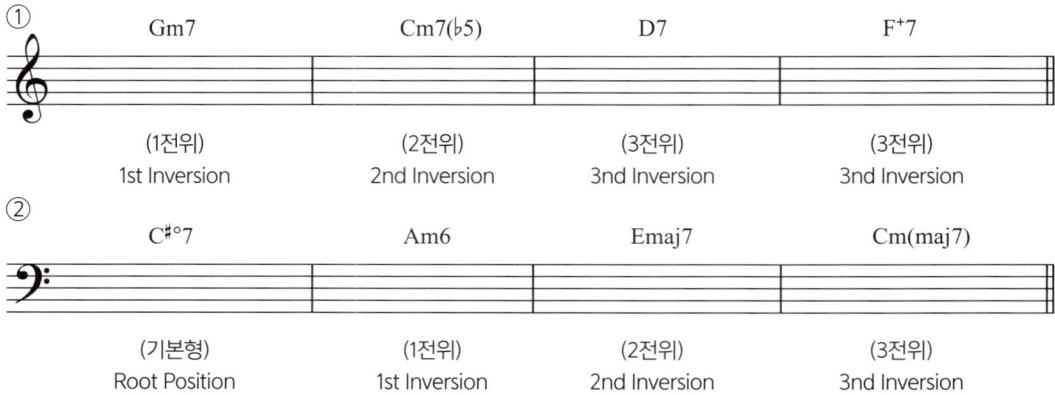

① Gm7      Cm7(♭5)      D7      F⁺7

(1전위)      (2전위)      (3전위)      (3전위)
1st Inversion      2nd Inversion      3nd Inversion      3nd Inversion

② C♯°7      Am6      Emaj7      Cm(maj7)

(기본형)      (1전위)      (2전위)      (3전위)
Root Position      1st Inversion      2nd Inversion      3nd Inversion

## 4. 다음 전위 코드를 오선 위에 그리세요.

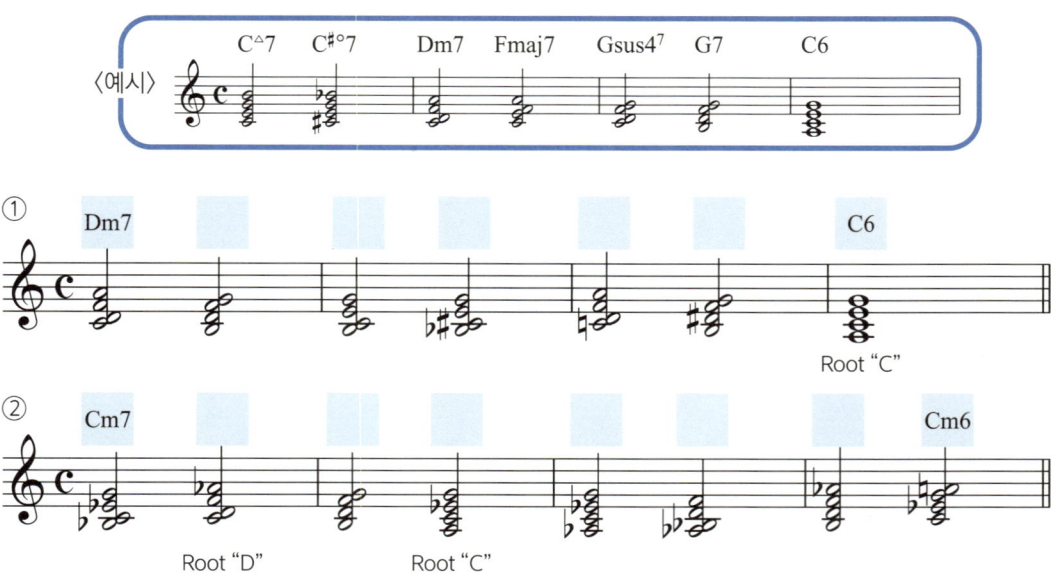

〈예시〉 C△7   C♯°7   Dm7   Fmaj7   Gsus4⁷   G7   C6

① Dm7                     C6

Root "C"

② Cm7                     Cm6

Root "D"       Root "C"

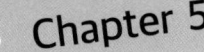

Chapter 5

# 온음계 화성
## (Diatonic Harmony)

온음과 반음의 일정한 규칙을 가진 음계를 '온음계'라고 하고 크게 '장음계'와 '단음계'로 나뉩니다. 한 음계의 구성음만으로 3도씩 쌓아 만들어진 화성, 코드를 '온음계 화성'이라고 합니다.

장음계의 7음으로만 코드를 만들면 장음계 화성, 단음계의 구성음만으로 코드가 되면 '단음계 화성'이라고 부릅니다.

온음계와 다른 반대의 의미로는 반음만으로 이루어진 반음계가 있습니다. 12개의 구성음을 가지고 있기 때문에 화성을 만들기보다는 멜로디 작곡이나 즉흥연주 때 사용합니다.

장조 온음계(Major Diatonic Scale)

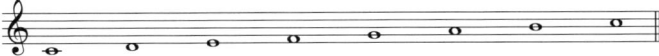

반음계(Chromatic Scale)

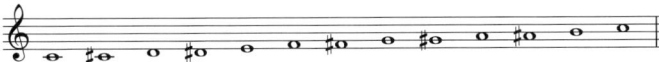

이 장에서는 장음계 화성과 단음계 화성에 대해 알아보겠습니다.

# ① 장음계 화성(Major Diatonic Harmony)

장조에서 쓰이는 장음계의 구성음을 화성(Harmony, Chord)으로 울림을 만들어 내는 것을 '다이아토닉 하모니'(Major Diatonic Harmony)라고 합니다.

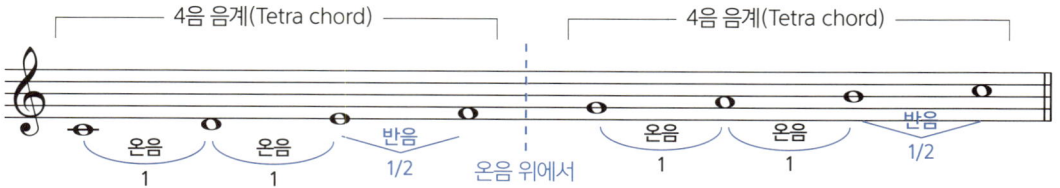

온음 – 온음 – 반음의 4음 음계(테트라 코드, 고대 그리스 시대에 사용)를 연속으로 이어 더 긴 음계를 만들었는데 이것이 우리가 가장 친숙하게 사용하고 있는 '장음계'(Major Scale, Ionian)입니다.

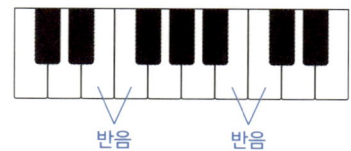

이 스케일의 7개 음을 3도 간격으로 화성을 쌓으면 '화음'(코드)이 됩니다.

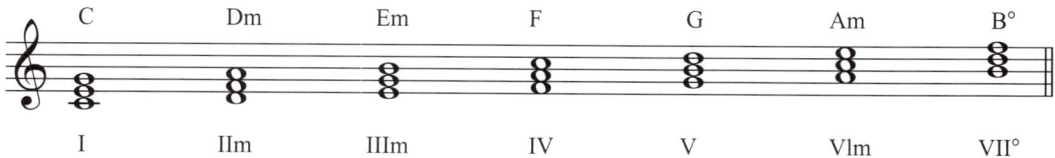

구성음이 3개(1, 3, 5음)인 C Major Diatonic Triad입니다. 보통 악보 위에는 코드를 적고, 아래에는 분석기호(로마숫자)를 적습니다.

### Diatonic 7th Chords

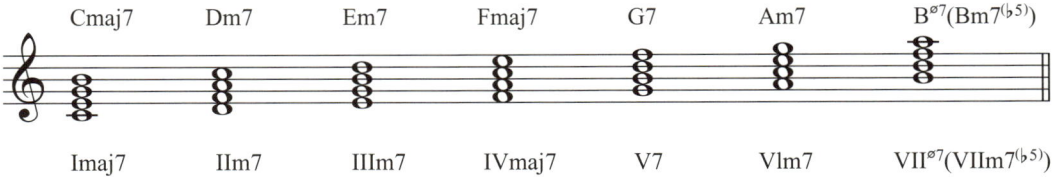

구성음이 4개(1, 3, 5, 7음)인 C Major Diatonic 7th Chord입니다.
조성이 바뀌면 음의 높낮이가 변하고 구성음들이 달라지지만 각 도수의 코드 종류와 로마숫자
는 같습니다.

### F Major Diatonic Harmony

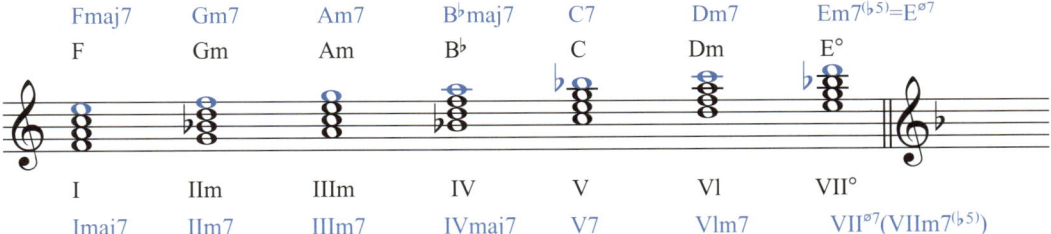

### A Major Diatonic Hamony

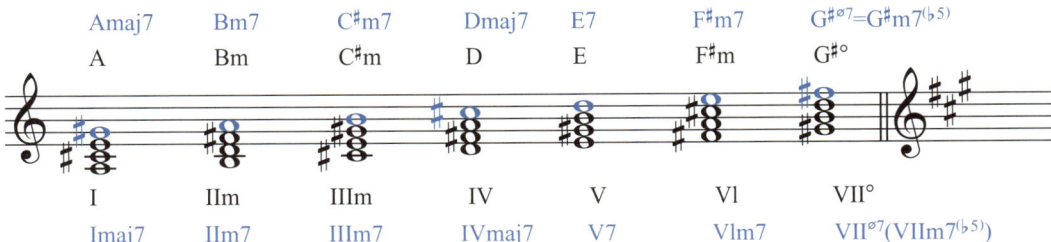

다시 정리하면 Major Diatonic Harmony는 다음과 같습니다.

| Triads | I | IIm | IIIm | IV | V | VIm | VII° |
|---|---|---|---|---|---|---|---|
| 7th chord | Imaj7 | IIm7 | IIIm7 | IVmaj7 | V7 | VIm7 | VIIm7$^{(\flat 5)}$=(VII$^{ø7}$) |

## 코드 분석(Function)

예시 1

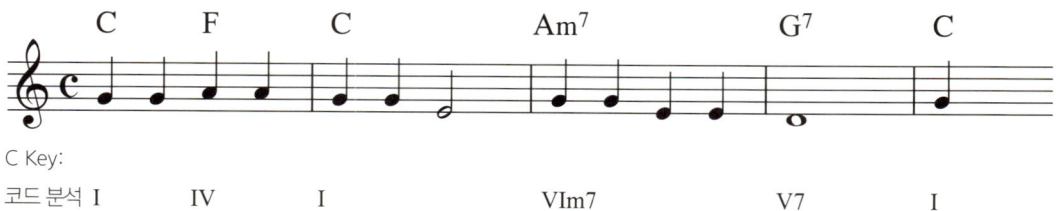

C Key:
코드 분석   I      IV      I        VIm7      V7      I

 노래가 조바꿈이 되어도 코드 분석(로마숫자)은 바뀌지 않으며, 으뜸음(Tonic) 기준으로 화성의 흐름을 절대기준(로마숫자)으로 분석하면 코드 진행을 암기하고 작곡하는데 도움이 됩니다.

예시 2   <I Got Rhythm> 중에서

코드 분석      I      VIm7   IIm7   V7      IIIm7   VIm7   IIm7    V7      I
B♭ Key:

예시 3   <Auld Lang Syne> 중에서

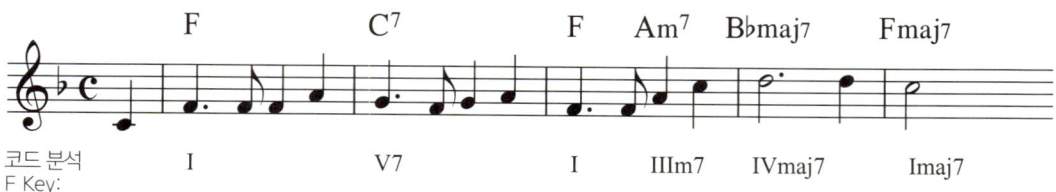

코드 분석      I        V7        I    IIIm7   IVmaj7    Imaj7
F Key:

I도부터 VII도까지 7개의 화성이 모두 중요하고 각 화성의 역할이 있지만, 주된 기능을 하는 I, IV, V도의 3개의 화음을 '주요 3화음(Primary Triads)라고 합니다.

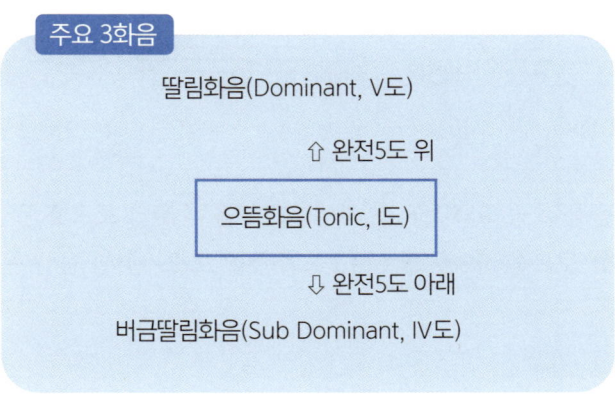

그외 II, III, VI, VII도는 비슷한 울림을 내는, 주요 3화음에 속해 같은 기능(Function)을 담당합니다.

### 코드 분석

| | 으뜸화음 T<br>Tonic | | 버금딸림화음 SD<br>Sub Dominant | | 딸림화음 D<br>Dominant | |
|---|---|---|---|---|---|---|
| 주 3화음<br>(Primary Triads) | I | Imaj$^7$ | IV | IVmaj$^7$ | V | V$^7$ |
| 버금 3화음<br>(Secondary Triads) | IIIm<br>VIm | IIIm$^7$<br>VIm$^7$ | IIm | IIm$^7$ | VII°<br> | VII$^{ø7}$<br>(VIIm7$^{(♭5)}$) |
| 특징 | VIm$^7$   Imaj$^7$   IIIm$^7$<br><br>**스케일의 4음 미포함**<br>가장 안정적인 사운드 | | IIm$^7$   IVmaj$^7$<br><br>**스케일의 4음(Fa) 포함**<br>비교적 안정적인 사운드 | | V$^7$   VII$^{ø7}$<br><br>**스케일의 4음+7음 포함**<br>증4도 음정을 포함하여 불안정하므로 안정적인 I도로 진행하려함. 불안한 사운드 | |

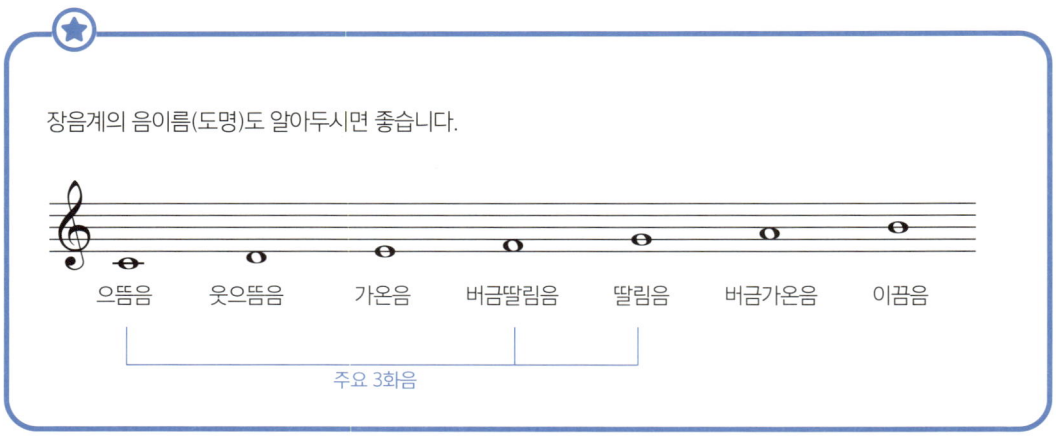

장음계의 음이름(도명)도 알아두시면 좋습니다.

으뜸음    웃으뜸음    가온음    버금딸림음    딸림음    버금가온음    이끔음

주요 3화음

## Major Scale Degree(음계 도명)

| 숫자 | 음 도명 | 영어 도명 | 로마숫자 | 계이름 | 기능 |
|---|---|---|---|---|---|
| 1 | 으뜸음 | Tonic | I | 도 Do | Ⓣ |
| 2 | 웃으뜸음 | super Tonic | II | 레 Re | ⓈⒹ |
| 3 | 가온음 | Mediant | III | 미 Mi | Ⓣ |
| 4 | 버금딸림음 | sub Dominant | IV | 파 Fa | ⓈⒹ |
| 5 | 딸림음 | Dominant | V | 솔 Sol | Ⓓ |
| 6 | 버금가온음 | sub Mediant | VI | 라 La | Ⓣ |
| 7 | 이끔음 | leading Tone | VII | 시 Ti | Ⓓ |

**예시**　<학교종> 중에서

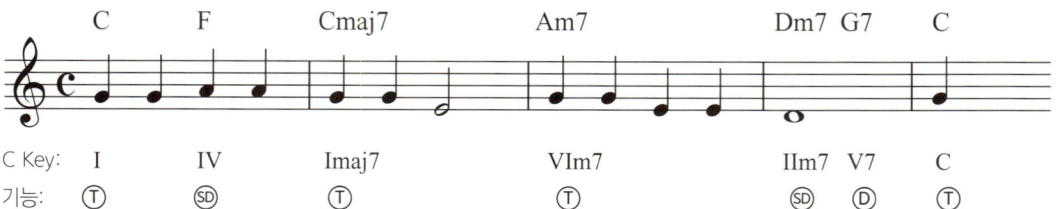

같은 기능끼리 대체하여 코드를 바꿔 사용할 수도 있습니다.

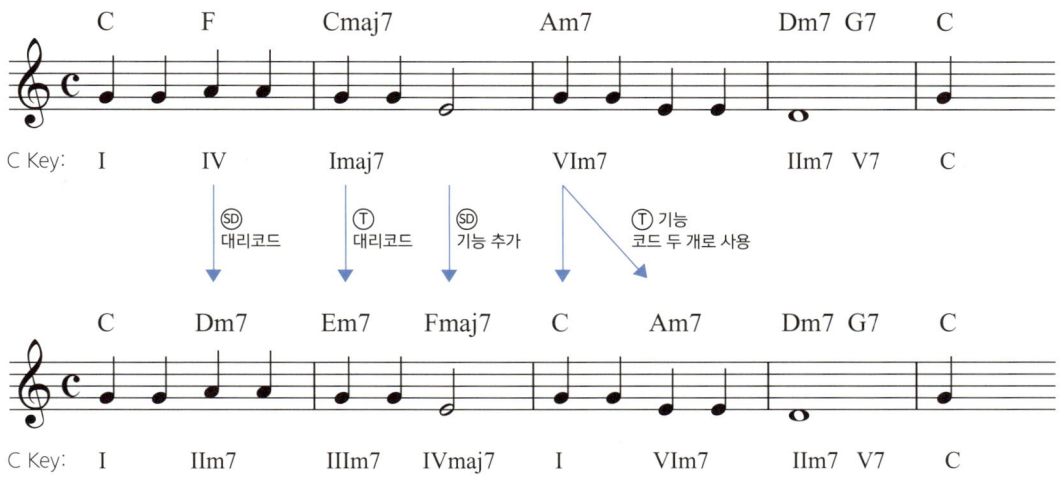

## 서스포세븐 sus4$^7$

Dom7의 변형으로 자주 사용되는 sus4$^7$(7sus4라고도 함)은 어떤 기능을 가지고 있는지 살펴봅시다.

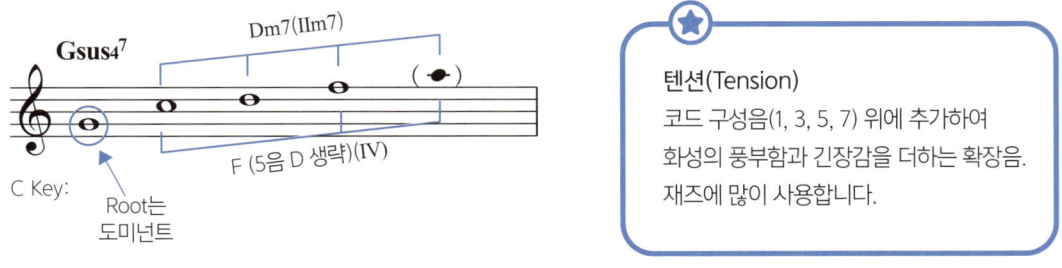

⭐

텐션(Tension)
코드 구성음(1, 3, 5, 7) 위에 추가하여
화성의 풍부함과 긴장감을 더하는 확장음.
재즈에 많이 사용합니다.

위의 성명처럼 sus4$^7$의 근음은 V이고 4, 5, 7음은 IV의 구성음을 가지고 있어서 Dominant, sub Dominant의 기능을 모두 포함합니다.

Gsus4$^7$              C          바로 완전5도 아래의 코드로 진행한다면 Dominant 기능
Vsus4$^7$ ⒟          I ⓣ

Gsus4$^7$              G$^7$          C          뒤에 진짜 Dominant가 있다면 sus4$^7$은 sub Dominant 기능
Vsus4$^7$ ⓢⒹ      V$^7$ ⒟      I ⓣ

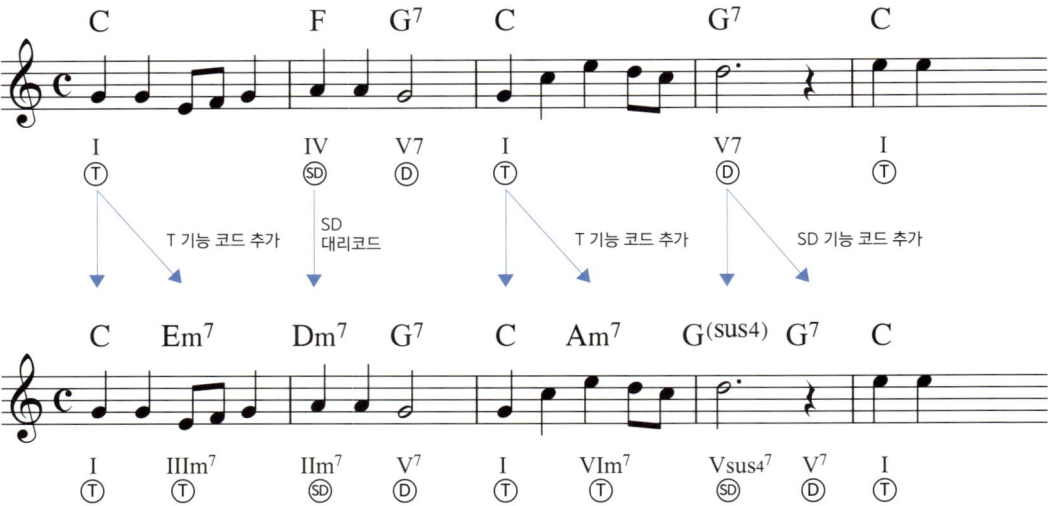

## 분수 코드(slash chord)

사선(Slash)을 가운데 두고 왼쪽에는 코드, 오른쪽에는 Bass음을 적는 코드의 형태를 분수코드(slash chord)라고 합니다.

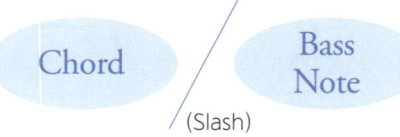

예시

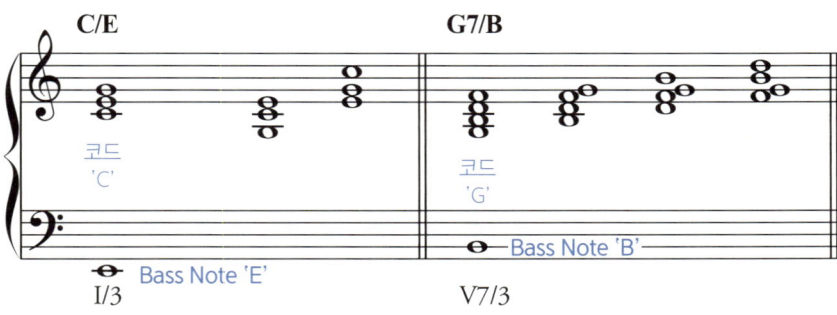

분석할 때에는 '로마숫자/코드의 몇 음'으로 표기합니다.

위의 예시처럼 코드 구성음 중 하나가 최저음 베이스로 이동할 때 / 형태로 코드를 적고, 또 한 가지 $sus_4^7$ 코드 표기시 분수 코드로 표기합니다.

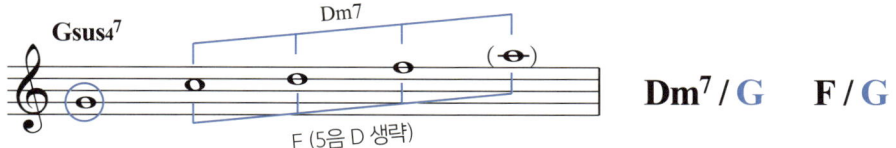

$Dm^7 / G$    $F / G$

Gsus4$^7$ = F/G = Dm$^7$/G    세 표기 모두 많이 사용됩니다.

Csus4$^7$ = B♭/C = Gm$^7$/C

sus4$^7$ = ♭VII/Bass    또는  Vm$^7$/Bass
분석할 때는 sus4$^7$으로 표기합니다.

예시 1

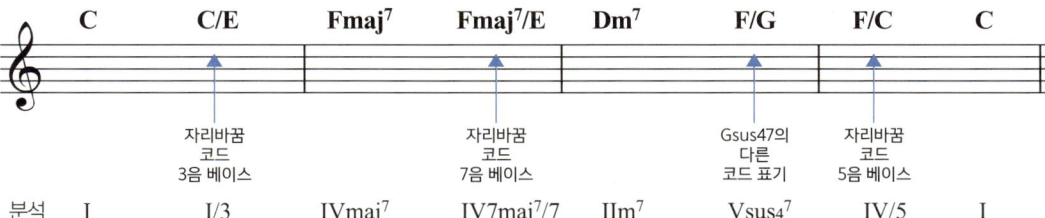

| 분석 | I | I/3 | IVmaj$^7$ | IV7maj$^7$/7 | IIm$^7$ | Vsus4$^7$ | IV/5 | I |

예시 2

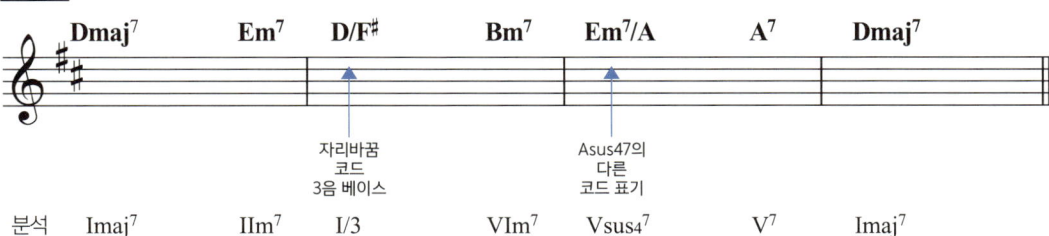

| 분석 | Imaj$^7$ | IIm$^7$ | I/3 | VIm$^7$ | Vsus4$^7$ | V$^7$ | Imaj$^7$ |

예시 3

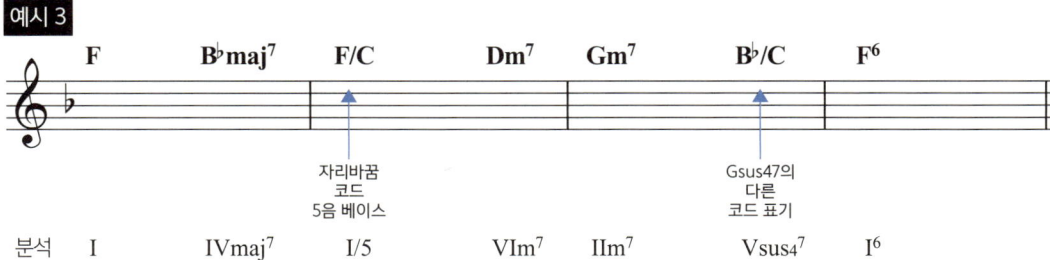

| 분석 | I | IVmaj$^7$ | I/5 | VIm$^7$ | IIm$^7$ | Vsus4$^7$ | I$^6$ |

## 🔍 문제

1. 다음 악보의 Diatonic Harmony의 코드 이름과 로마숫자 분석을 쓰세요.

① key of B♭

코드: B♭

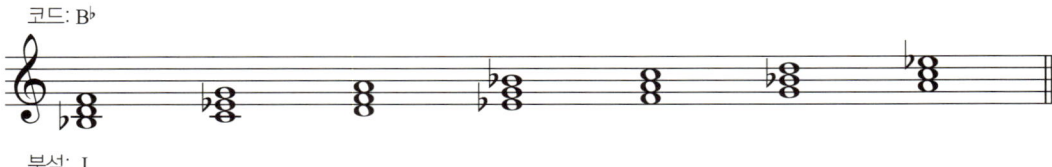

분석: I

② key of E

코드: Emaj⁷

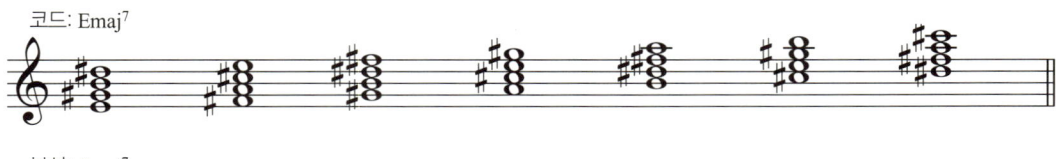

분석: Imaj⁷

2. 다음 조표와 분석을 보고 알맞은 코드를 쓰세요.

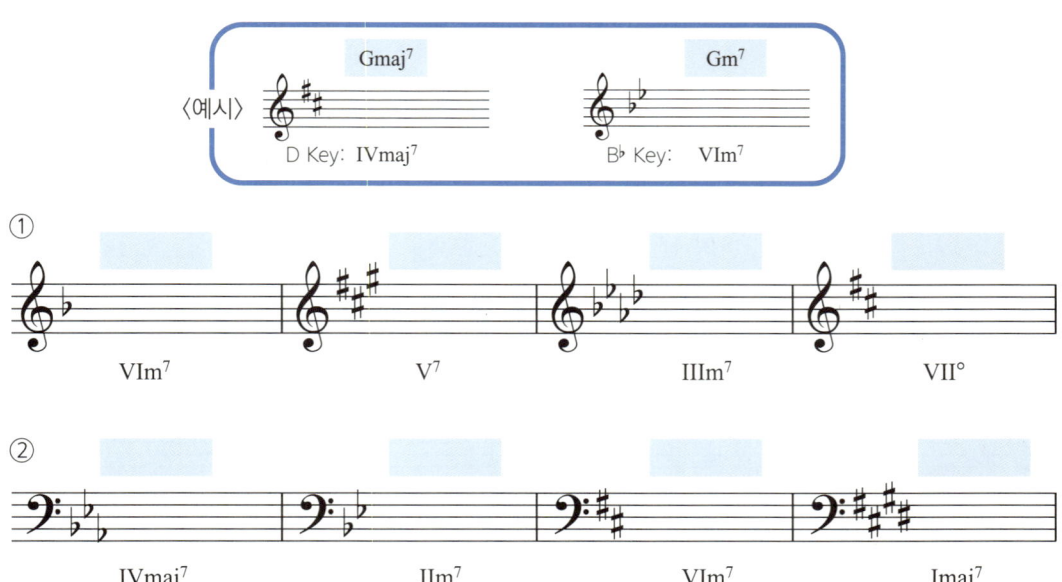

3. 다음 코드 진행을 로마숫자로 분석하고 기능 Ⓣ ⓈⒹ Ⓓ을 쓰세요.

① 
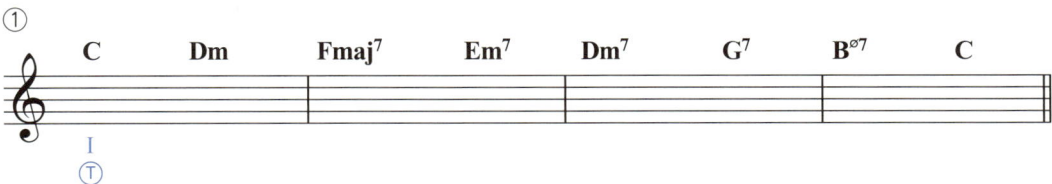

C　　Dm　　Fmaj⁷　　Em⁷　　Dm⁷　　G⁷　　Bᵒ⁷　　C

I
Ⓣ

② 
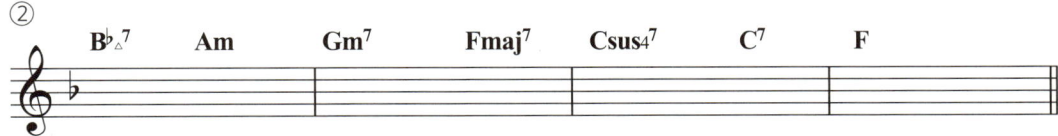

B♭△⁷　　Am　　Gm⁷　　Fmaj⁷　　Csus₄⁷　　C⁷　　F

③ 
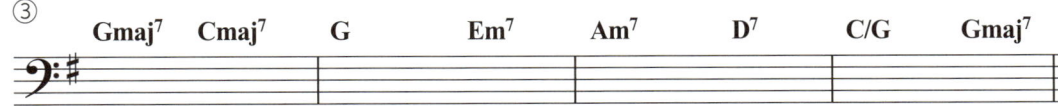

Gmaj⁷　Cmaj⁷　　G　　Em⁷　　Am⁷　　D⁷　　C/G　　Gmaj⁷

4. 다음 오선의 코드 진행 위에 코드 이름을 쓰고 로마숫자로 분석하세요.

① 

Cmaj⁷　　　　　　　　　　　　　　　　　　　　　C

Imaj⁷　　　　　　　　　　　　　　　　　　　　I

② 

B♭　　　　　　　　　　　　　　　　　　　　B♭maj⁷

I　　　　　　　　　　　　　　　　　　　Imaj⁷

## ② 단음계 화성 (minor Diatonic Harmony)

단음계는 3가지 종류가 있어서 장음계보다 다소 복잡하고 어렵습니다. 차근차근 3가지 단음계의 화성을 만들어 봅시다.

1) 자연 단음계 화성 (Natural minor Diatonic Harmony)

장음계와 비교했을 때 3, 6, 7음이 플랫(반음 내림)되어 다소 무겁고 묵직한 사운드가 납니다.

Natural minor Diatonic Triads

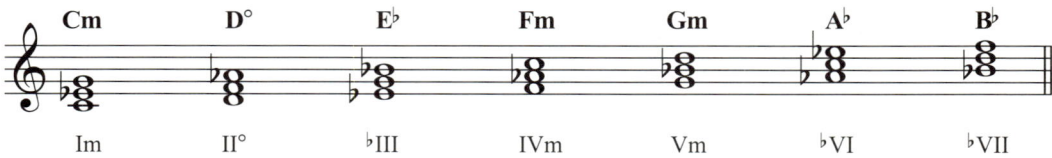

♭III, ♭VI, ♭VII처럼 로마숫자의 기준은 장음계이고, 또 으뜸음부터 단3도, 단6도, 단7도 관계이므로 로마숫자 앞에 플랫(♭)을 붙입니다.

Natural minor Diatonic 7th Chords

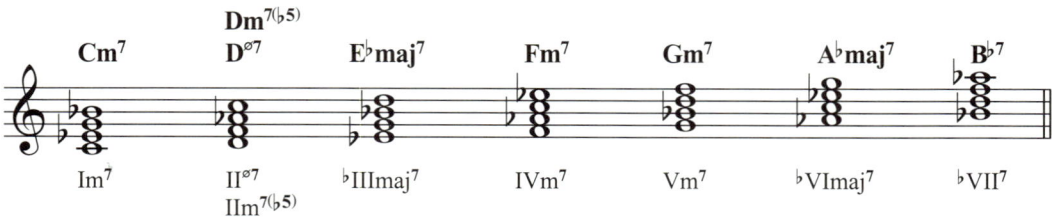

예시 1

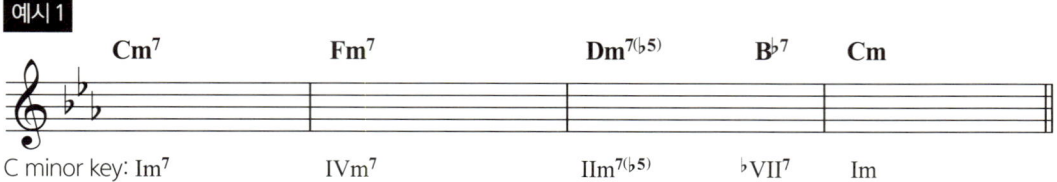

2) 화성 단음계 화성(Harmonic minor Diatonic Harmony)

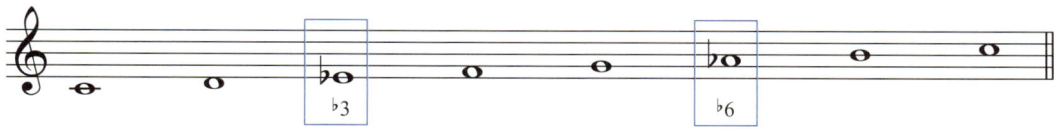

장음계와 비교했을 때 3, 6음이 플랫되었고 7음은 제자리로 이끔음 기능을 합니다. 또한 화음을 만들 때 V도가 V, V7 되게 하여 Dominant 기능을 충족하고 I도로 해결하는 종지감이 명확해져서 화성적으로 충분한 사운드를 만듭니다.

Harmonic minor Diatonic Triads

Harmonic minor Diatonic 7th Chords

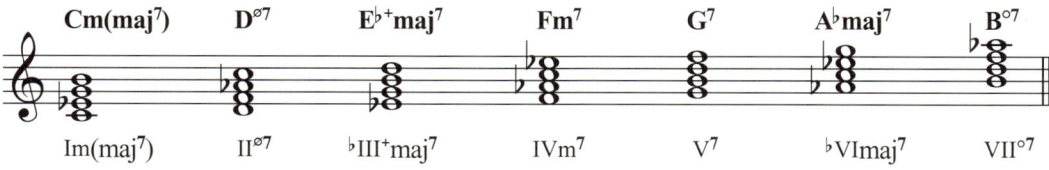

**예시 1** <얼굴> 중에서

3) 가락 단음계 화성(Melodic minor Diatonic Harmony)

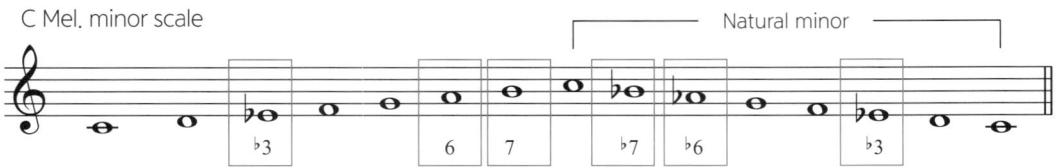

장음계에서 3음만 반음 내린 마이너 스케일로, 세 단음계 중에 가장 밝은 사운드입니다. 하행할 때에는 6음, 7음을 반음 내린 자연 단음계를 사용하여 상행/하행이 다른 구성음을 가지고 있습니다.

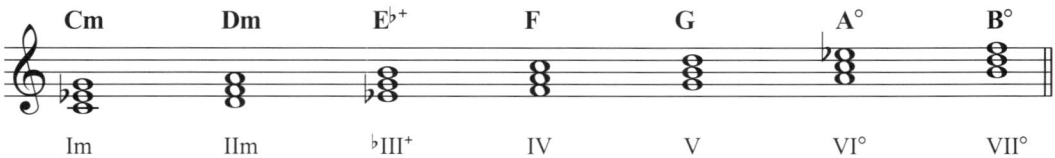

가락 단음계의 상행: 음계의 구성음과 동일한 스케일을 재즈 마이너 스케일이라고 하고 재즈 곡의 즉흥 연주에 많이 사용됩니다.

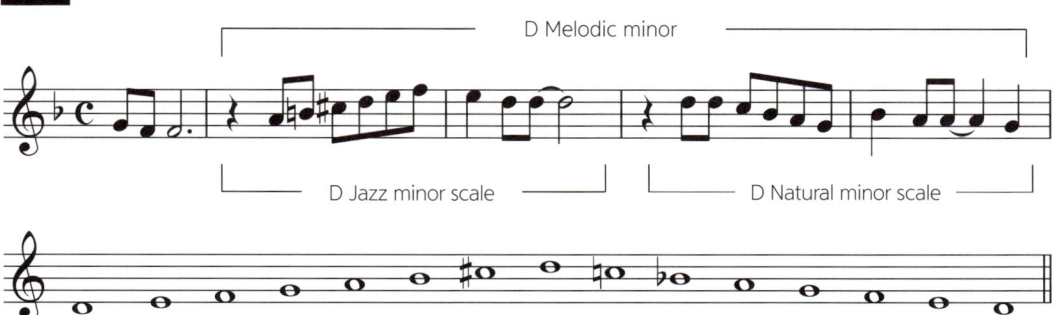

## Melodic minor Diatonic 7th Chords

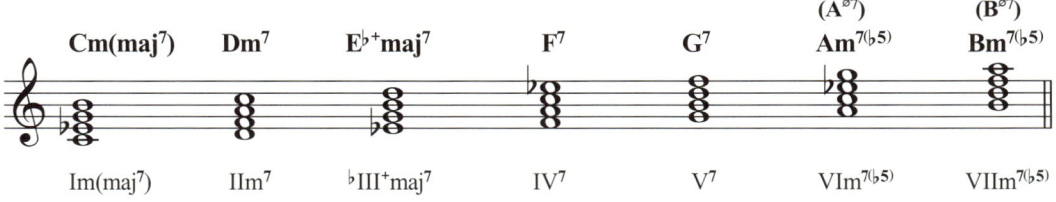

예시

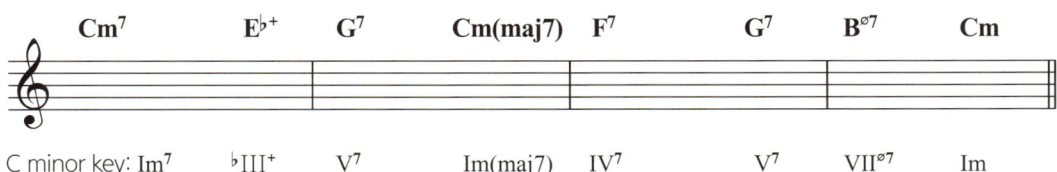

&lt;minor Diatonic Harmony&gt;

|  | Scale Number | 1도 | 2도 | 3도 | 4도 | 5도 | 6도 | 7도 |
|---|---|---|---|---|---|---|---|---|
| Natural min. | 1 2 ♭3 4 5 ♭6 ♭7 | Im<br>Im7 | II°<br>IIm7(♭5) | ♭III<br>♭IIImaj7 | IVm<br>IVm7 | Vm<br>Vm7 | ♭VI<br>♭VImaj7 | ♭VII<br>♭VII7 |
| Harmonic min. | 1 2 ♭3 4 5 ♭6 7 | Im<br>Im(maj7) | II°<br>IIm7(♭5) | ♭III⁺<br>♭III⁺maj7 | IVm<br>IVm7 | V<br>V7 | ♭VI<br>♭VImaj7 | VII°<br>VII°7 |
| Melodic min. | 1 2 ♭3 4 5 6 7 | Im<br>Im(maj7) | IIm<br>IIm7 | ♭III⁺<br>♭III⁺maj7 | IV<br>IV7 | V<br>V7 | VI°<br>VIm7(♭5) | VII°<br>VIIm7(♭5) |

단조 조성의 곡(minor Tune)은 이 세 가지 스케일에서 만들어진 화성이 섞여 사용되기도 합니다.

로마숫자 분석기호는 그냥 6도면 장6 / 단6 중 무엇인지 불분명하므로 으뜸음부터 장 / 완전 음정인 장음계를 기준으로 계산합니다. 그래서 E minor key에서는 Cmaj⁷이 'E-C' 단6도 간격이므로 ♭VImaj⁷, D⁷이 단7도이므로 ♭VII⁷으로 분석됩니다.

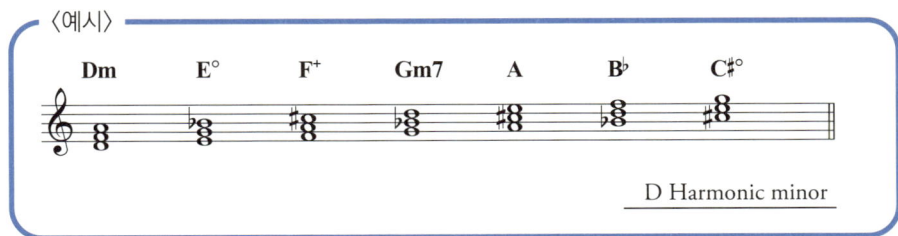

## 문제

1. 다음 악보의 음계와 구성음을 보고 코드의 이름과 음계를 쓰세요.

〈예시〉

| Dm | E° | F⁺ | Gm7 | A | B♭ | C#° |

D Harmonic minor

①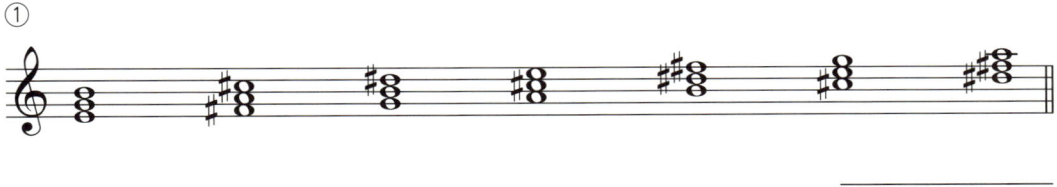

_____

②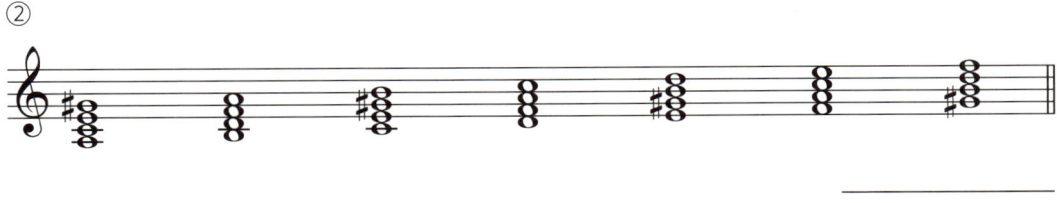

_____

③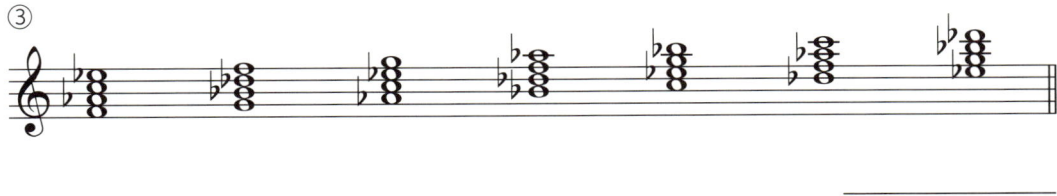

_____

## 2. 다음 코드 진행을 로마숫자로 분석하세요.

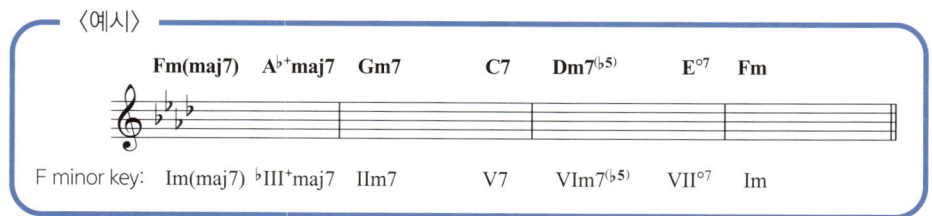

〈예시〉

Fm(maj7)  A♭⁺maj7  Gm7      C7    Dm7⁽♭5⁾      E°7   Fm

F minor key:  Im(maj7)  ♭III⁺maj7  IIm7      V7    VIm7⁽♭5⁾    VII°7   Im

① 

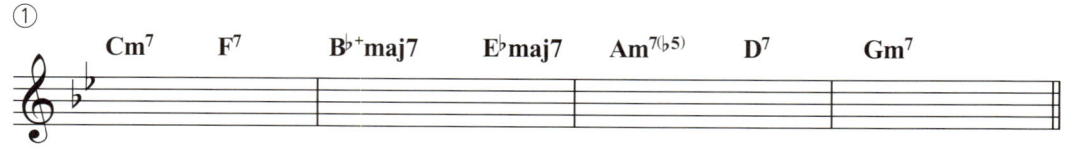

Cm⁷     F⁷      B♭⁺maj7    E♭maj7    Am⁷⁽♭5⁾    D⁷      Gm⁷

G minor key:

② 

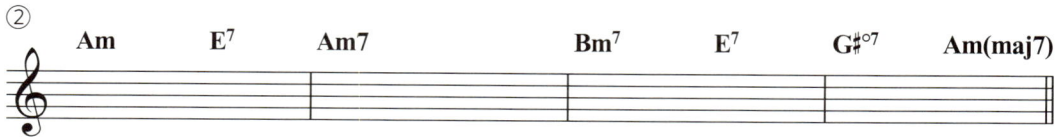

Am      E⁷     Am7        Bm⁷     E⁷     G♯°7   Am(maj7)

A minor key:

③ 

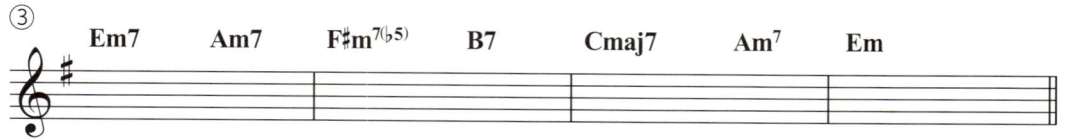

Em7    Am7    F♯m⁷⁽♭5⁾    B7    Cmaj7    Am⁷    Em

E minor key:

# Chapter 6

# 모드와 다양한 스케일
## (Mode & Various Scale)

한 옥타브 안에서 기준이 되는 으뜸음으로부터 음높이에 따라 차례로 나열한 음의 집합을 '음계'라고 합니다. 앞서 챕터 3에서는 가장 친숙하고 많이 사용되는 대표적인 두 음계인 장음계와 단음계에 대해 배웠습니다. 현대의 음악은 이 두 음계와 조성에 기반을 둔 조성음악(Tonality)이 주를 이루고 있습니다.

하지만 그 단조로움을 벗어나 좀더 다채롭고 풍성한 음악을 만들기 위해 이전에 사용하던 선법(Mode, 모든 스케일)을 다시 활용하고 펜타토닉, 블루스 스케일 등 다양한 음계를 사용하여 곡을 만들고 즉흥연주를 합니다.

이 장에서는 우리가 꼭 알아야 할 7가지 모드와 펜타토닉, 블루스, 홀톤, 디미니쉬드 그리고 얼터드 스케일에 대해 배워 보겠습니다.

'선법'(또는 mode)은 중세 유럽의 성가에 쓰이던 음계입니다. 시간이 흘러 장단조의 장음계 / 단음계 체계가 음악의 주를 이루었지만 오늘날 다시 여러 음악 장르에 선법이 사용됩니다.
장음계(Major Scale) 기반을 두고 으뜸음(시작음, Tonic)을 달리하여 만들어진 7개의 음계를 선법(교회 선법)이라고 하며 클래식에 기반을 두고 있지만 재즈, 영화음악, 영상음악 등에 두루 사용되고 있습니다.

음계(scale): 한 옥타브 안에서 음 높이에 따라 음을 차례대로 배열한 음의 집합(ex. 장음계, 단음계, 5음 음계, 모드, 블루스 스케일, 펜타토닉 스케일)

선법(Mode): 장음계를 기준으로 시작점을 달리하여 온음, 반음의 위치가 바뀌며 만들어지는 7개의 음계.

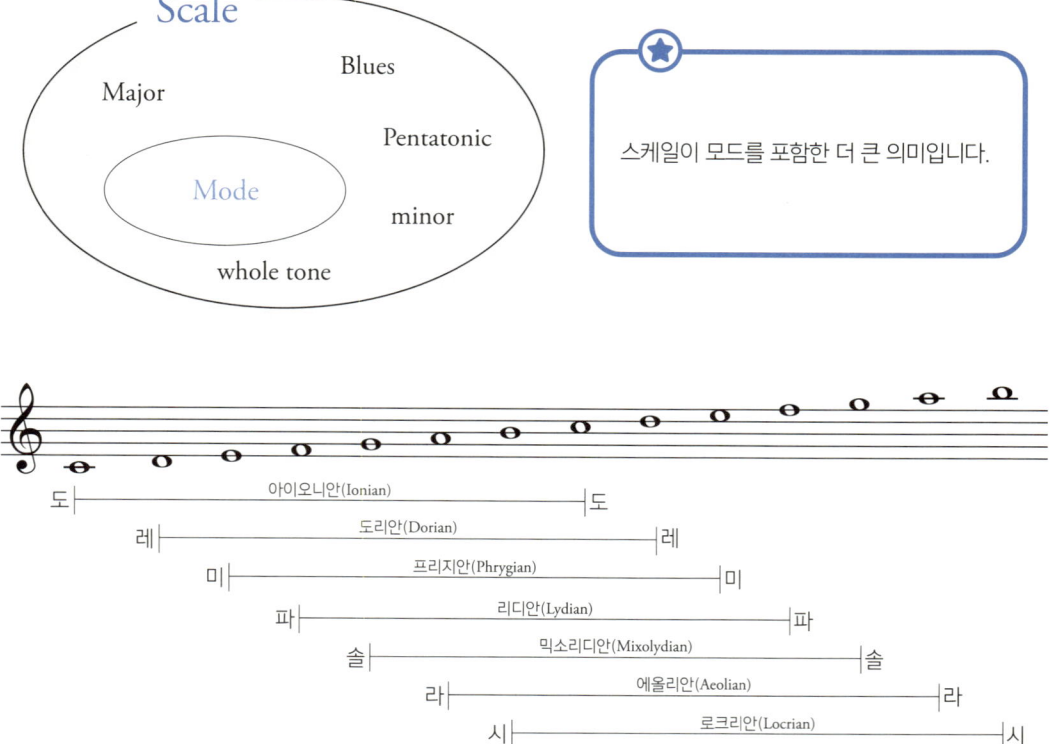

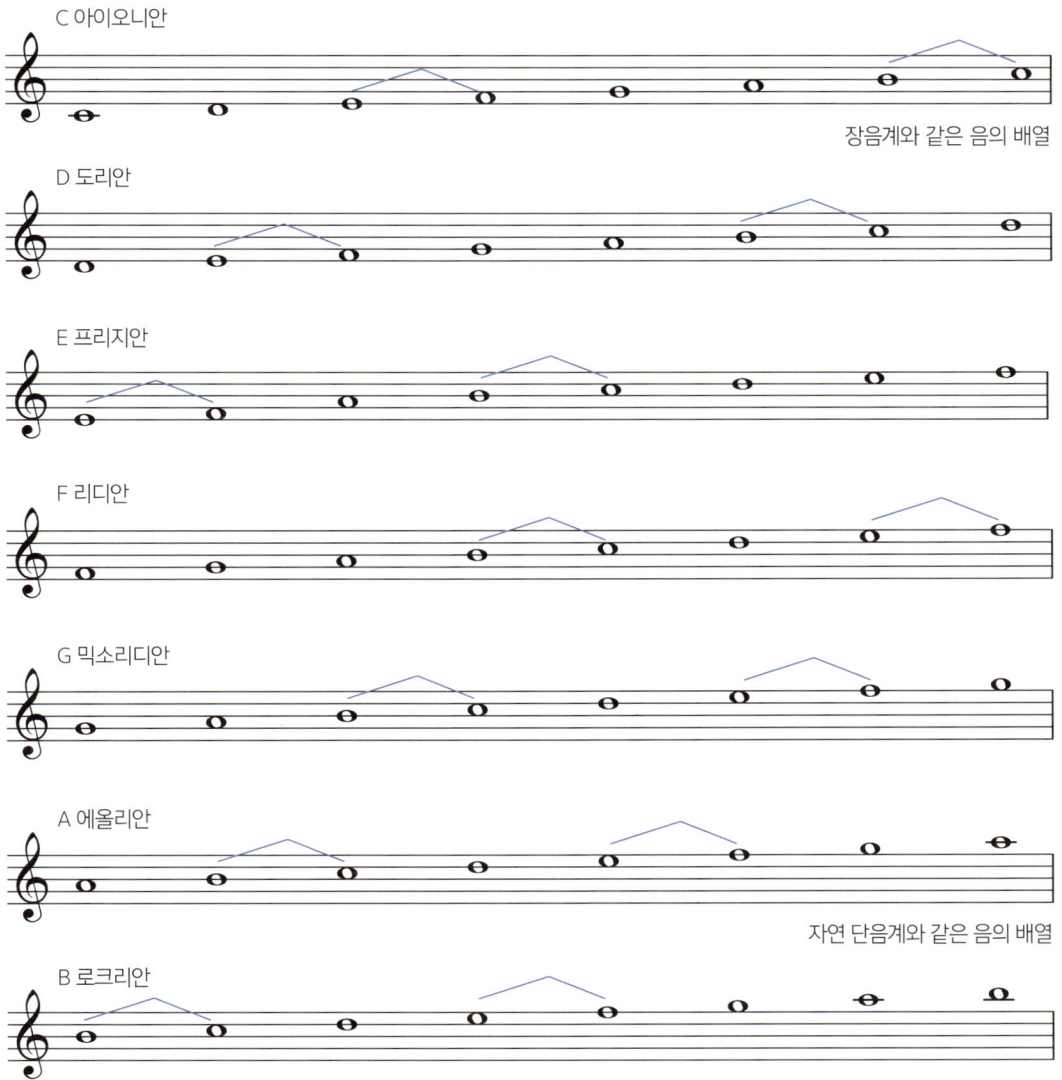

C 아이오니안

장음계와 같은 음의 배열

D 도리안

E 프리지안

F 리디안

G 믹소리디안

A 에올리안

자연 단음계와 같은 음의 배열

B 로크리안

시작음이 달라지니 두 개의 반음 위치가 변하여 음계가 연주되었을 때의 분위기가 바뀌고, 명확하지 않은 느낌을 받기도 합니다.

장음계의 모드 스케일을 표로 정리해 봅니다.

| 명칭 | 영어 명칭 | 구성음 | 줄임명 |
|------|----------|--------|--------|
| 아이오니안 | Ionian | Do부터 Do (첫번째 모드) | Ion. |
| 도리안 | Dorian | Re부터 Re (두 번째 모드) | Dor. |
| 프리지안 | Phrygian | Mi부터 Mi (세 번째 모드) | Phry. |
| 리디안 | Lydian | Fa부터 Fa (네 번째 모드) | Lyd. |
| 믹소리디안 | Mixolydian | Sol부터 Sol (다섯 번째 모드) | Mixo. |
| 에올리안 | Aeolian | La부터 La (여섯 번째 모드) | Aeol. |
| 로크리안 | Locrian | Ti부터 Ti (일곱 번째 모드) | Loc. |

이렇게 각 모드마다 만들어내는 사운드가 달라지는데 시작점이 다르므로 서로 비교하기가 어렵습니다. 이 모드들을 'C' 으뜸음으로 바꾸어 보려 합니다. 방법으로는 두 가지가 있습니다.

① 반음의 위치로 계산

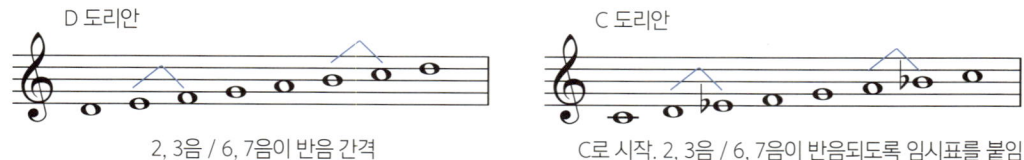

② 몇 번째 모드인지, 나란한 조로 계산
D 도리안은 C 장음계의 '두 번째 모드', C 도리안이 되려면 B♭ 장음계가 I도가 되어야 합니다.
B♭ Major의 두 번째 모드가 C 도리안입니다.

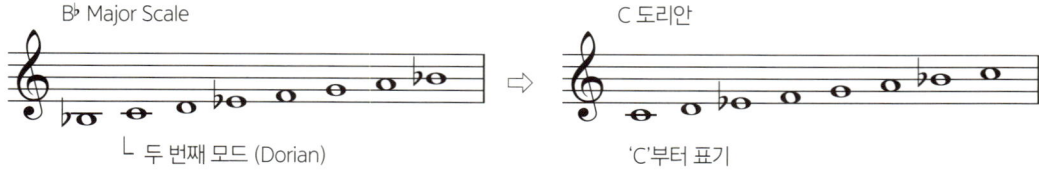

## 7개의 C 모드

7개의 모드를 "C" 으뜸음으로 다시 표기해 봅니다.

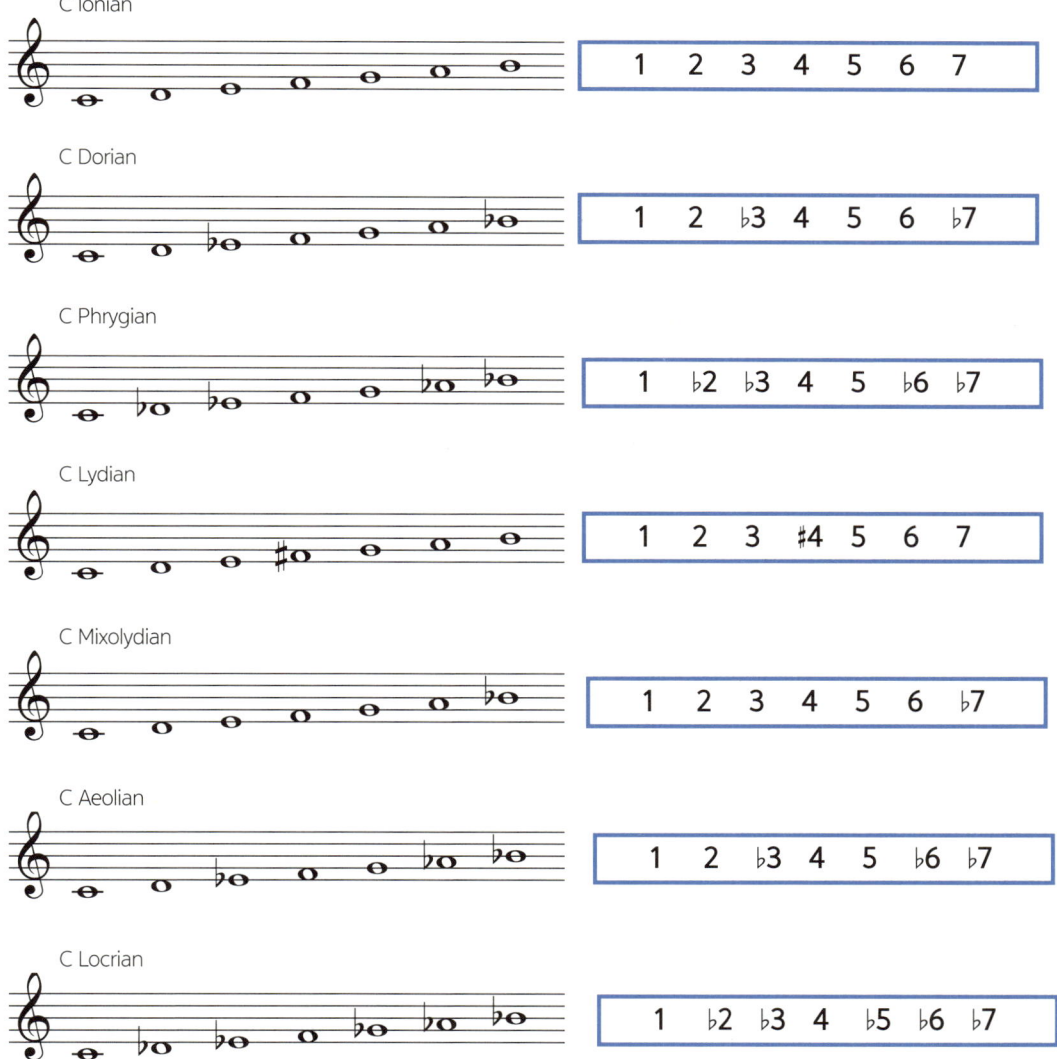

같은 음에서 시작하는 음계의 악보를 보니 어떤 음이 달라졌는지, 변화가 많은지 적은지 알 수 있고 그 사운드를 상상할 수 있습니다.

예를 들어 "리디안(Lydian)은 장음계의 4번째 음이 반음 올라갔구나, 프리지안(Phrygian)은 단음계에서 두 번째 음을 추가로 플랫시키면 되는군"라고 생각하며 모드의 차이를 느낄 수 있습니다.

익숙한 장 · 단음계와 다르기 때문에 소리를 듣고 나면 무언가 끝내지 않은, 애매모호함을 느낄 수 있습니다. 이것이 바로 모드의 매력이기도 합니다. 7개의 모드를 3음이 반음 내려왔는가 아닌가에 따라(3 또는 ♭3) Major / minor의 두 부류로 나눌 수 있습니다.

| <Major> | <minor> |
|---|---|
| Ionian, Lydian, Mixolydian | Dorian, Phrygian, Aeolian, Locrian |

더 자세히 들여다보면 ♯, ♭의 갯수에 따라 음계가 주는 밝기가 있습니다. 꼭 소리로 확인해 보기 바랍니다.

<모드의 밝기>

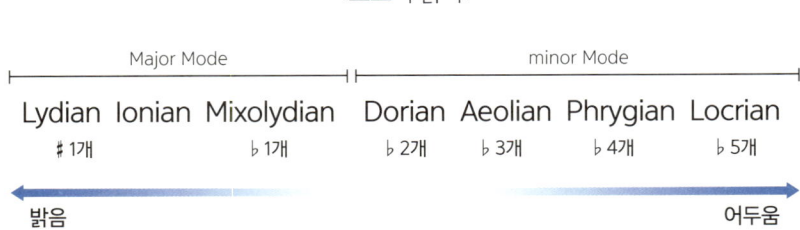

모드를 사용한 멜로디의 예시입니다.

예시 1

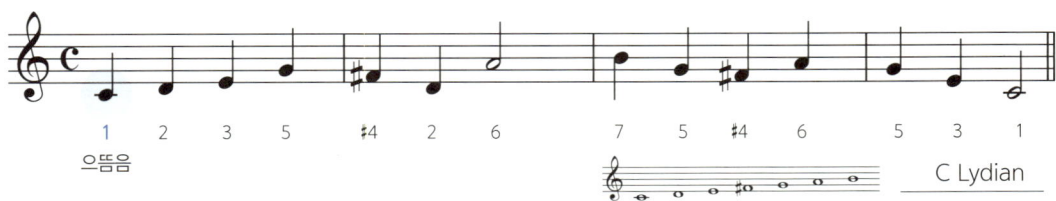

예시 2

## 각 모드의 특징음

각각의 모드는 각자만의 독특한 분위기를 만드는 '특징음'(character note)을 가지고 있습니다. 드라마의 주인공과 같은 역할이라고 할 수 있는데, 이 특징음이 자주 등장해야 모드가 주는 분위기, 색채, 느낌들이 잘 전달될 수 있습니다. 모드의 색채를 가장 잘 나타낸다고 하여 컬러톤(color tone)이라고도 합니다.

앞서 Major 계열의 모드와 minor 계열의 모드로 나누어 보았는데 Ionian과 Aeolian이 기준이 되어 각 모드에서 구별되는 다른 음이 특징음이 됩니다.

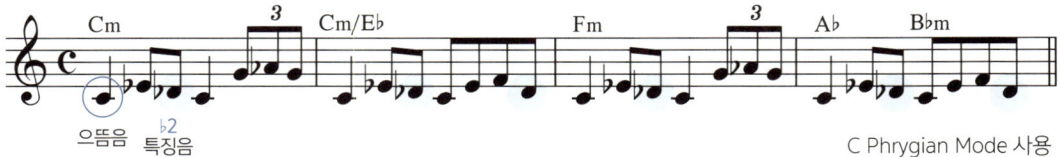

예시 1  한스 짐머 – I will Find Him (Man of Steel OST 중)

으뜸음  ♭2 특징음

C Phrygian Mode 사용

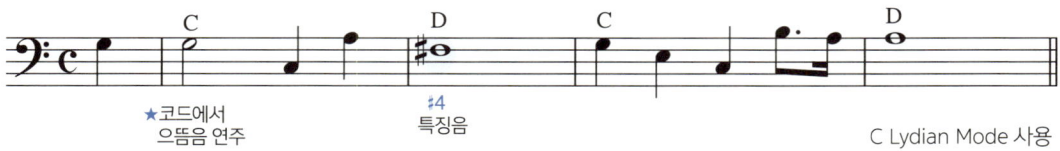

예시 2  한스 짐머 – Yoda's Theme (Starwars OST 중)

★코드에서 으뜸음 연주  ♯4 특징음

C Lydian Mode 사용

영화음악에 사용된 모드의 예시입니다. 멜로디와 코드에 모드의 특징음이 잘 스며들어 영상과 음악이 함께 조화로운 무드를 만들어냅니다.

## 모드의 코드 스케일

위의 예시처럼 모드는 긴 멜로디와 음악의 테마를 만들 때 사용되기도 하지만, 짧게는 코드(화성) 안에서 즉흥연주나 스트링 라인 등의 선율을 만들 때도 사용됩니다. 특히 재즈(Jazz)의 특징인 즉흥연주시 코드 안에서 나만의 솔로를 할 때 모드가 많이 사용되는데 이때 모드를 그 코드의 코드 스케일이라고 합니다. 7개의 음을 가진 모드의 1, 3, 5, 7음이 사용 가능한 코드가 됩니다.

★ C△7의 코드 표기에는 Ionian과 Lydian(색다른 느낌)이 사용 가능합니다. Cm7의 경우도 Dorian, Aeolian, Phrygian을 사용할 수 있습니다. m6의 경우는 6음이 포함되어 있으므로 Dorian을 사용합니다.

### <모드 총 정리표>

| | 명칭 | 영어 명칭 | 숫자표기(● 특징음) | 사용 코드 | 특이 사항 |
|---|---|---|---|---|---|
| Major 계열 | 아이오니안 | Ionian (Ion.) | 1  2  3  **4**  5  6  7 | **C** C△7  C6 | 장음계와 같은 구성음 장음계의 첫번째 모드 |
| | 리디안 | Lydian (Lyd.) | 1  2  3  **♯4**  5  6  7 | **C** C△7(♯11)  C6 | 장음계의 네 번째 모드 |
| | 믹소리디안 | Mixolydian (Mixo.) | 1  2  3  4  5  6  **♭7** | **C** C7  Csus4⁷ | 장음계의 다섯 번째 모드 |
| minor 계열 | 도리안 | Dorian (Dor.) | 1  2  3  4  5  **6**  ♭7 | **Cm** Cm7  Cm6 | 장음계의 두 번째 모드 |
| | 에올리안 | Aeolian (Aeol.) | 1  2  3  4  5  ♭6  ♭7 | **Cm** Cm7 | 자연단음계와 같은 구성음 장음계의 여섯 번째 모드 |
| | 프리지안 | Phrygian (Phry.) | 1  **♭2**  3  4  5  ♭6  ♭7 | **Cm** Cm7  Cm7(♭2) | 장음계의 세 번째 모드 |
| | 로크리안 | Locrian (Loc.) | 1  ♭2  3  4  **♭5**  ♭6  ♭7 | **C°** Cm7(♭5) | 장음계의 일곱 번째 모드 |

### 모드를 찾는 방법 세 가지

**Q1**  G 프리지안을 그리세요

① 반음의 위치로 계산

Phrygian : 미 — 미

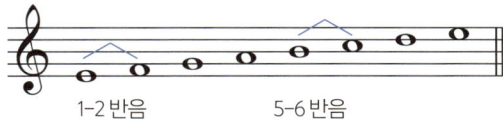

1-2 반음                      5-6 반음

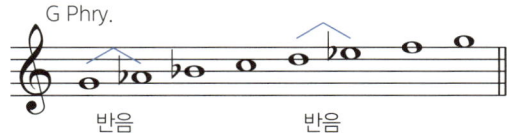

G Phry.

반음                      반음

**Q2**  B♭ 리디안을 그리세요

① 반음의 위치로 계산

Lydian : 파 — 파

4-5 반음                      7-8 반음

B♭ Lydian

반음                      반음

② 몇 번째 모드인지로 계산(나란한조)

Phrygian : 장음계의 세 번째 모드

Eb Major

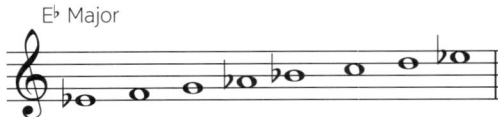

G Phry.

③ 음계 숫자로 계산(같은으뜸음조)

Phrygian : 1 b2 b3 4 5 b6 b7

같은으뜸음조 : G Major

G Major

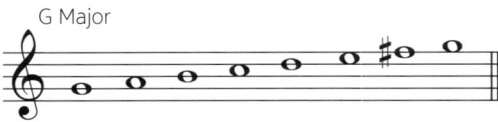

G Phry.

② 몇 번째 모드인지로 계산(나란한조)

Lydian : 장음계의 네 번째 모드

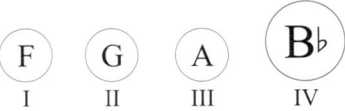

F Major

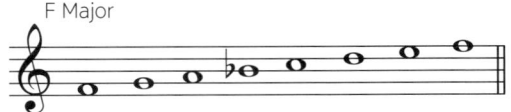

Bb Lydian

③ 음계 숫자로 계산(같은으뜸음조)

Lydian : 1 2 3 #4 5 6 7

같은으뜸음조 : Bb Major

Bb Major

Bb Lydian

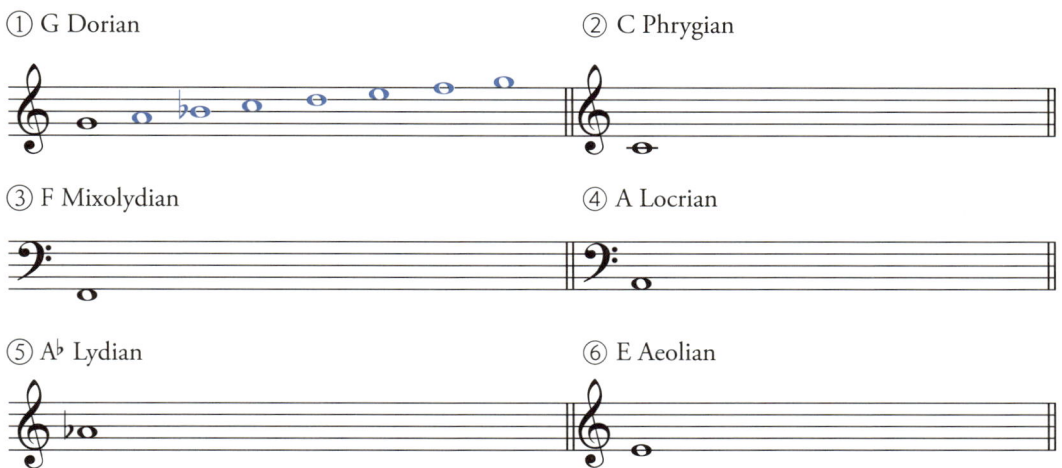

## 🔍 문제

1. 다음 모드(Mode)를 오선 위에 그리세요.

① G Dorian　　　　　　　　　　　　② C Phrygian

③ F Mixolydian　　　　　　　　　　④ A Locrian

⑤ A♭ Lydian　　　　　　　　　　　⑥ E Aeolian

2. 같은으뜸음조의 모드의 변화음을 찾고 모드의 이름을 쓰세요.

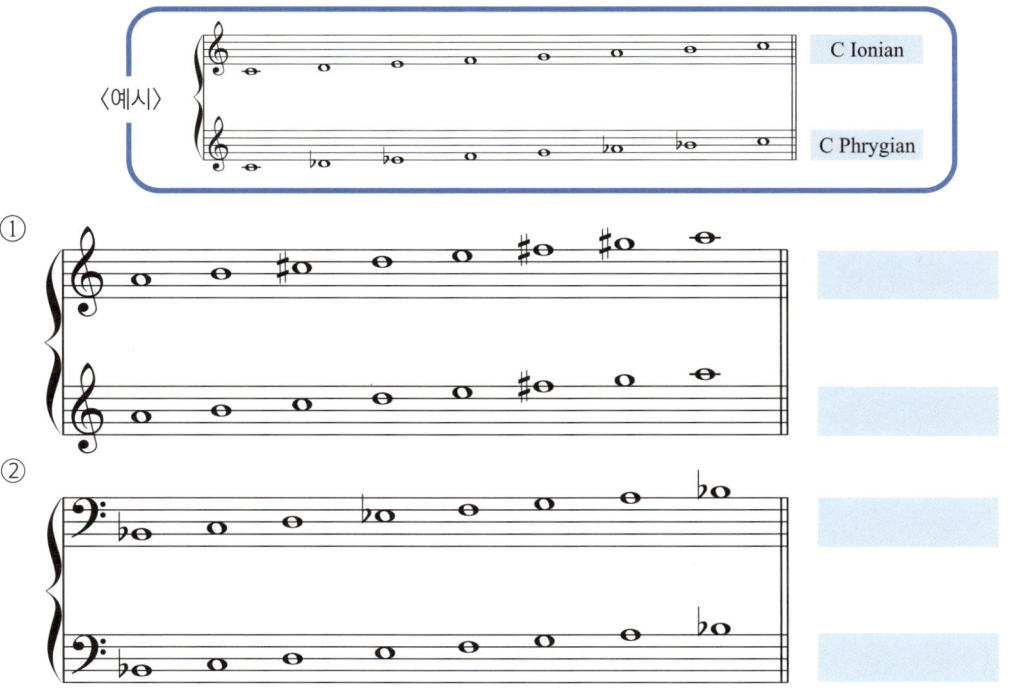

〈예시〉　C Ionian　C Phrygian

①

②

3. 다음 모드의 이름을 쓰고 특징음에 ○표를 하세요

① D Locrian

② _____

③ _____

④ _____

⑤ _____

⑥ _____

4. 다음 멜로디에 사용된 모드의 이름을 쓰세요. (시작과 끝음이 I음)

①

G Dorian

②

_____

③

_____

④

_____

## ② 펜타토닉 스케일(Pentatonic Scale)

다섯 개의 구성음으로 이루어진 음계를 '펜타토닉 스케일'이라고 합니다. '5음 음계'라고도 하며 오래전부터 민속음악이나 가스펠에 많이 사용되었습니다. 그중에서 대표적인 메이저 / 마이너의 두 가지 펜타토닉 스케일에 대해 알아봅니다.

### 메이저 펜타토닉 스케일

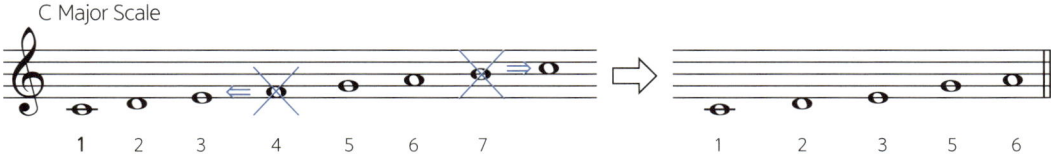

장음계에서 4음은 반음 아래의 3음으로 7음은 반음 위의 으뜸음으로 진행하고자 하는 불안정한 음인데, 이 4음과 7음을 뺀 5음의 음계가 메이저 펜타토닉이 됩니다.

숫자로는 '1, 2, 3, 5, 6'이고 계이름으로는 '도, 레, 미, 솔, 라'로 이해하면 쉽게 외울 수 있습니다. 불안정한 두 음을 뺏기 때문에 안정적인 소리와 편안한 선율을 만들어 냅니다.

### 예시

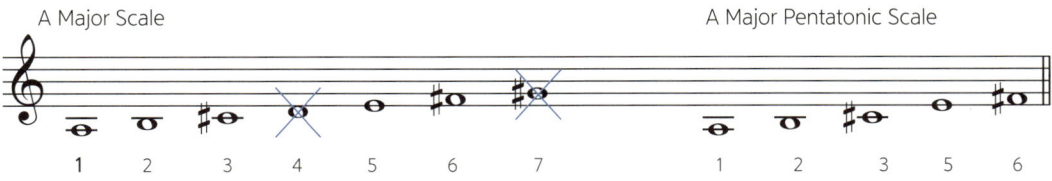

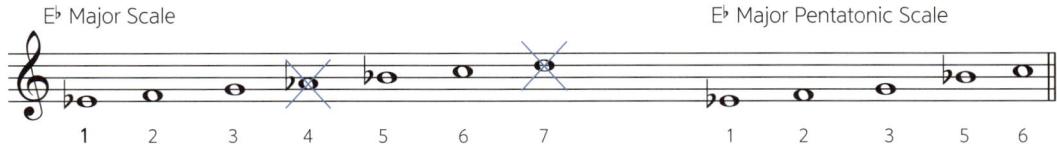

다섯 개의 구성음으로 간단하고 복잡하지 않은 소리로, 모두에게 친숙하며 민속 음악뿐만 아니라 재즈, 가요, 팝 음악 등에서도 광범위하게 사용되는 스케일 중 하나입니다. '아리랑', 'Amazing Grace', 'Mo Better Blues' 등이 대표적인 메이저 펜타토닉 멜로디의 곡입니다.

**예시 1** <아리랑> 중에서

C Major Key                    (Major Pentatonic Scale)

**예시 2** Amazing Grace 중에서

C Major Key                    (Major Pentatonic Scale)

**예시 3** <Mo Better Blues> 중에서

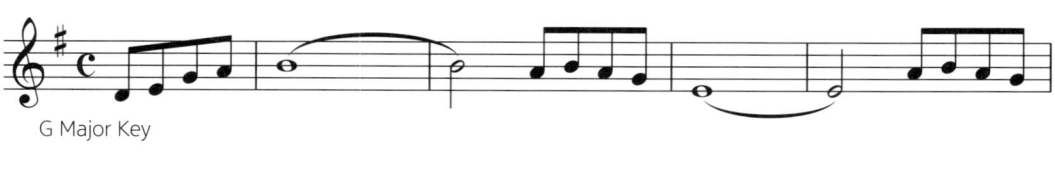

G Major Key

(Major Pentatonic Scale)

## 마이너 펜타토닉 스케일

반음 간격을 이루는 2음과 ♭6음을 뺀 '1, ♭3, 4, 5, ♭7'음으로 이루어진 5음 음계를 마이너 펜타토닉 스케일이라고 합니다.

이렇게 음계의 숫자를 기억해도 되지만 나란한조로 계산할 수도 있습니다.

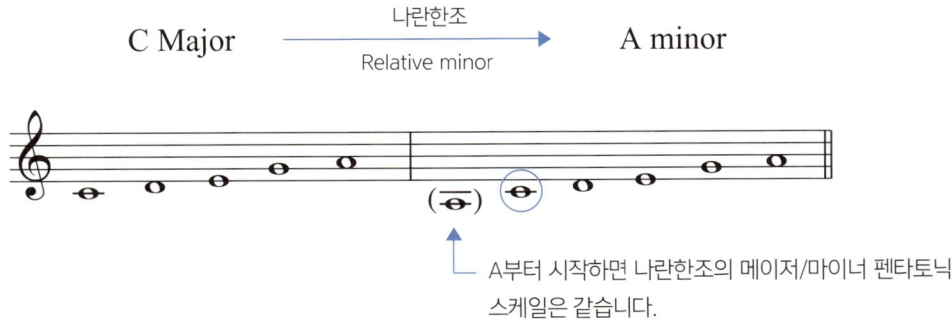

A부터 시작하면 나란한조의 메이저/마이너 펜타토닉 스케일은 같습니다.

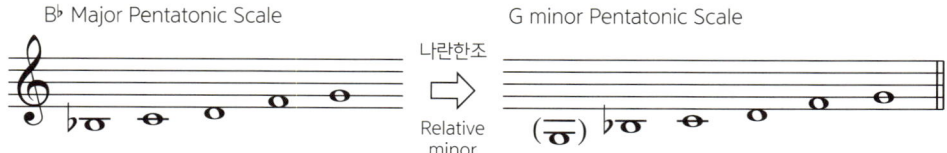

마이너 펜타토닉 스케일은 재즈 즉흥연주나 펑크 스타일의 음악에 가장 많이 사용됩니다.

 <The Chicken> 중에서

| Major Pentatonic Scale | | | | | minor Pentatonic Scale | | | | |
|---|---|---|---|---|---|---|---|---|---|
| 1 | 2 | 3 | 5 | 6 | 1 | ♭3 | 4 | 5 | ♭7 |

# ③ 블루스 스케일(Blues Scale)

재즈 음악, 대중음악의 뿌리가 되는 곡의 장르, 형식인 블루스는 흑인들의 노동요에 백인들의 포크 음악이 결합한 스타일로 후에 랙타임, 부기우기, 리듬앤블루스, 로큰롤 등 다양한 음악의 근간이 됩니다.

블루스에 사용하는 주된 음계가 바로 블루스 스케일로 앞서 배운 마이너 펜타토닉 스케일에 플랫5음(♭5)을 추가한 것을 말합니다.

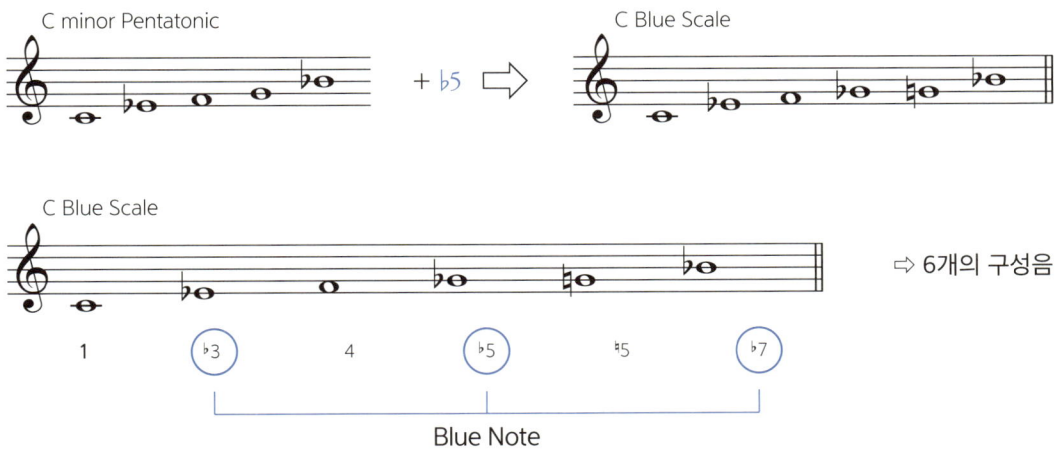

블루 노트(Blue Note)는 3, 5, 7음이 플랫되어 좀더 Bluesy(우울한) 음악 색채감을 표현하도록 만드는 음(Note)입니다. 멜로디 작곡뿐만 아니라 재즈의 즉흥연주에 가장 많이 사용되는 스케일이며 토속적이고 우울하면서도 펑키함을 주는 강력한 음계입니다.

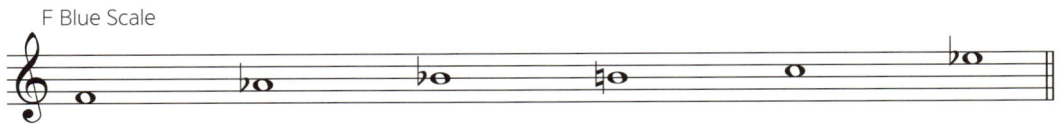

찾는 법

② F minor Pentatonic

F Blue Scale

+ ♭5 ⇨

A Blue Scale

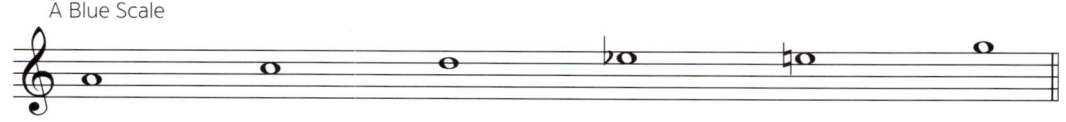

## 찾는 법

① A Major Scale

숫자
적용

A Blue Scale

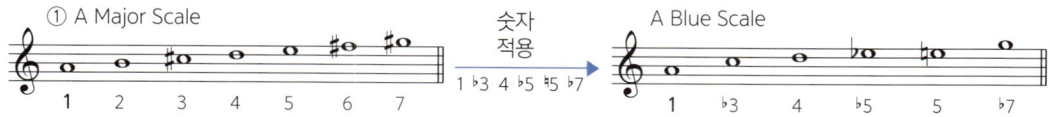

② A minor Pentatonic

+ ♭5 ⇨

F Blue Scale

C Blue Scale

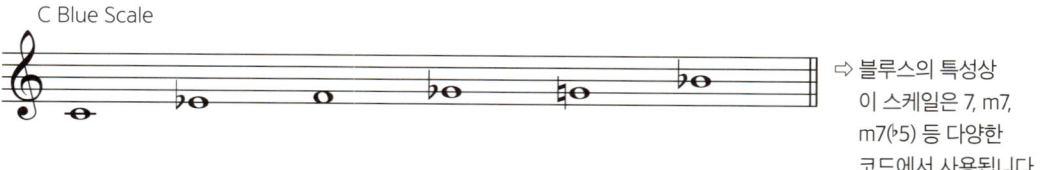

⇨ 블루스의 특성상
이 스케일은 7, m7,
m7(♭5) 등 다양한
코드에서 사용됩니다.

**예시** 장기하와 얼굴들 <싸구려 커피> 전주 중에서

Em7

E Blue Scale

# ④ 홀톤 스케일(Whole Tone Scale)

온음(장2도, Whole Tone) 연속에 따라 이루어지는 6음 구성의 음계를 '홀톤 스케일'이라고 합니다.

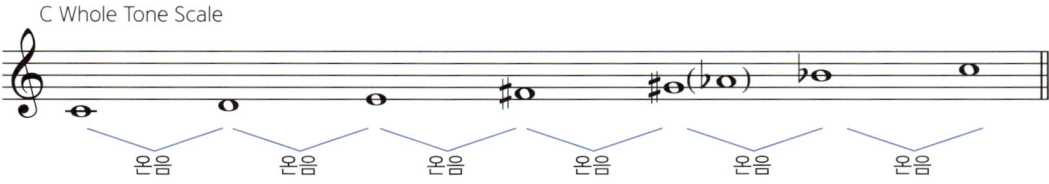

모든 음의 간격이 같아서 어느 음으로부터 시작하든 같은 구성음을 가집니다.

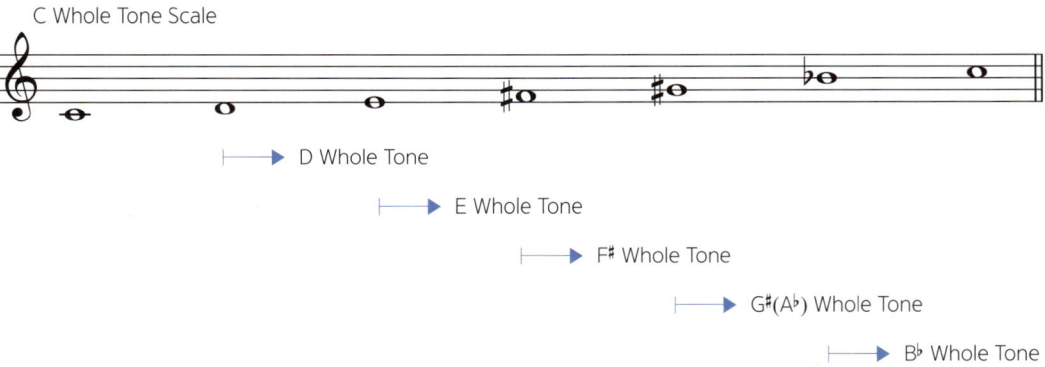

그래서 어느 음이 으뜸음인지 조성이 모호하게 들릴 수 있습니다. 단편적으로 말하자면 C부터 시작하는 홀톤 스케일과 D♭부터 시작하는 홀톤 스케일 이렇게 두 가지만 존재한다고 볼 수도 있습니다.

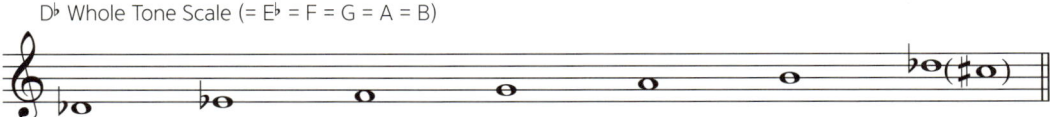

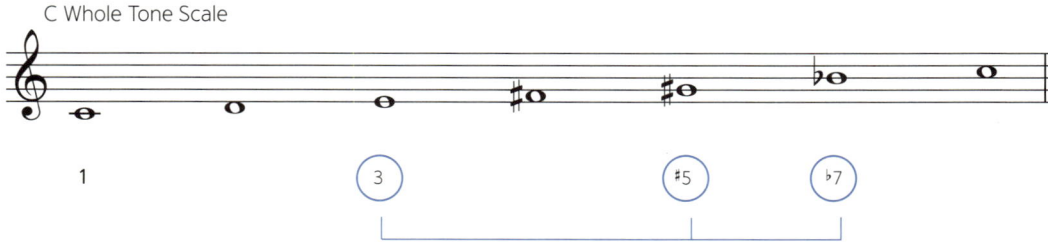

C Whole Tone Scale

스케일 안에 1, 3, ♯5, ♭7 음의 C+7의 코드가 만들어지는데 다시 말해 어그멘티드세븐(aug7th chord) 코드에서 홀톤 스케일을 사용할 수 있습니다.

**예시** <You're the sunshine of My Life> Intro 중에서

## ⑤ 디미니쉬드 스케일(Diminished Scale)

반음, 온음이 번갈아 나오는 8개의 구성음을 가진 음계를 '디미니쉬드 스케일'이라고 합니다. 먼저 앞서 배운 디미니쉬드 세븐스 코드를 살펴보면 음정 간격이 모두 단3도입니다.

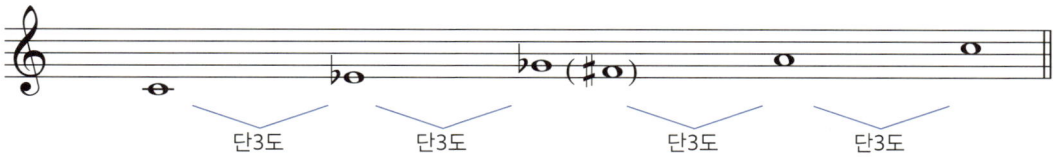

단3도 사이를 채워줘야 하는데 똑같이 등분되지 않으므로 반음+온음 혹은 온음+반음으로 분할해야 합니다. 그래서 디미니쉬드 스케일은 두 가지 종류가 만들어지게 됩니다.

### 온음 반음 디미니쉬드 스케일

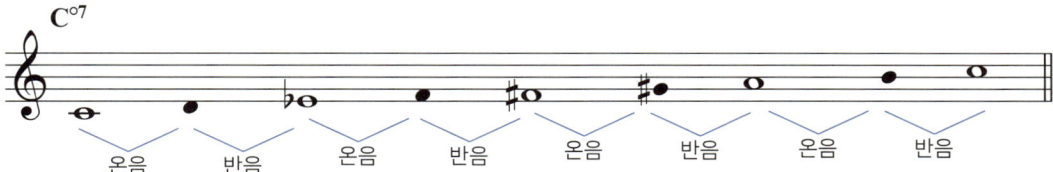

Whole의 첫 알파벳 'W'와 Half의 첫 알파벳 'H'를 조합해서 WH Diminished Scale이라고도 합니다. 홀톤 스케일처럼 모두 같은 간격이 반복되므로 조성이 모호하고 같은 구성음을 가진 스케일이 만들어집니다.

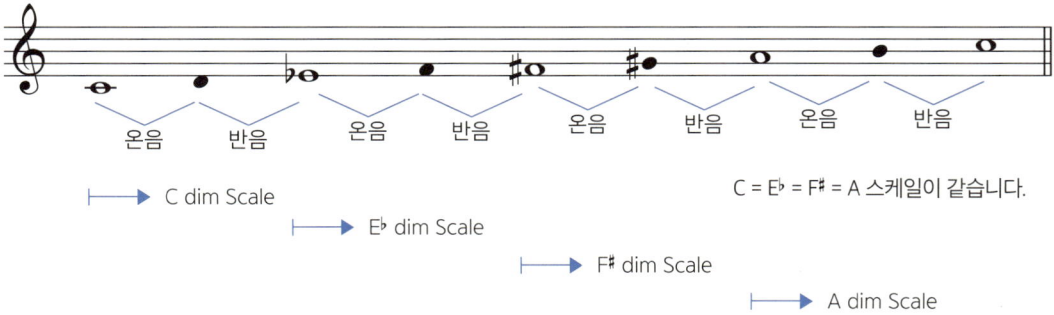

코드나 스케일 이름은 첫음, 으뜸음에 따라 선택하여 명시하면 됩니다.

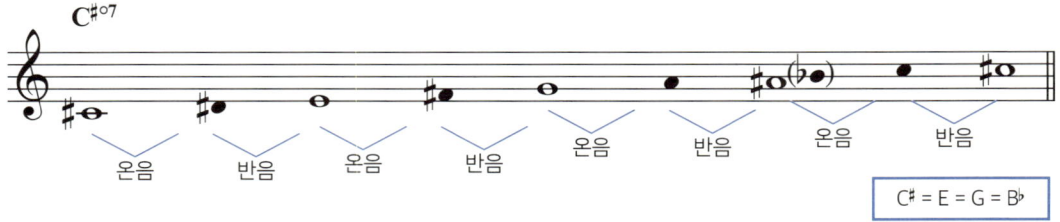

구성음으로 봤을 경우, 3가지의 온음 반음 디미니쉬드 스케일이 만들어집니다. 소리와 연주법이 어렵지만 원리를 이해하고 연습한다면 하나의 스케일을 4개의 코드에 적용할 수 있는 장점도 있습니다. 온음 반음 디미니쉬드 스케일(WH Dim.Scale)은 디미니쉬드세븐(Dim 7th) 코드에 사용합니다.

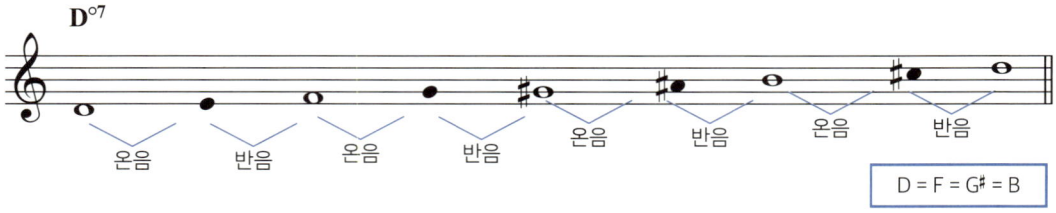

### 반음 온음 디미니쉬드 스케일

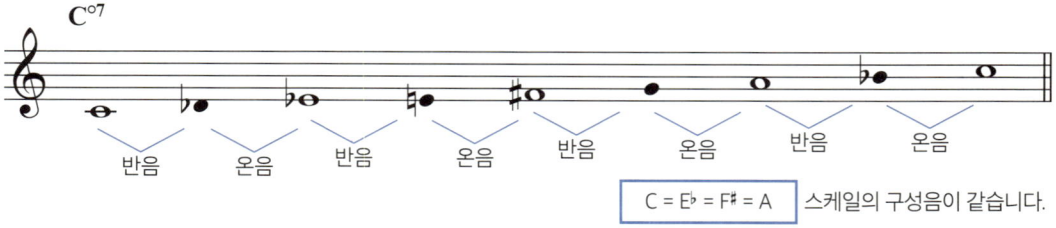

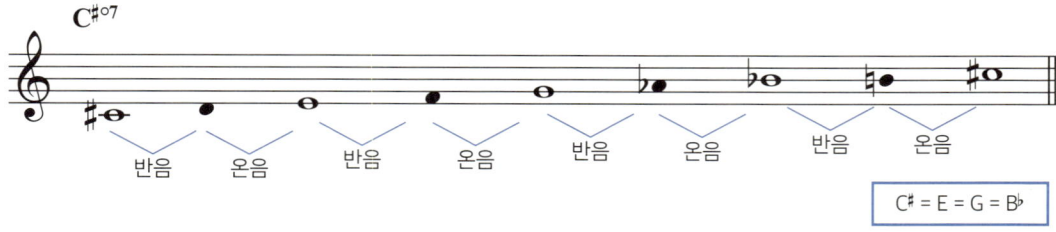

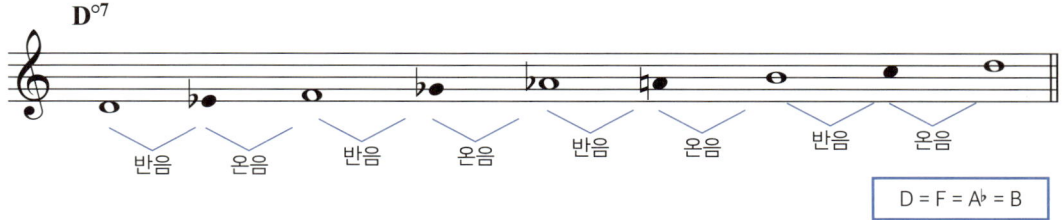

$$D^{\circ 7}$$

반음　온음　반음　온음　반음　온음　반음　온음

$$D = F = A^\flat = B$$

C Half-whole Diminished Scale

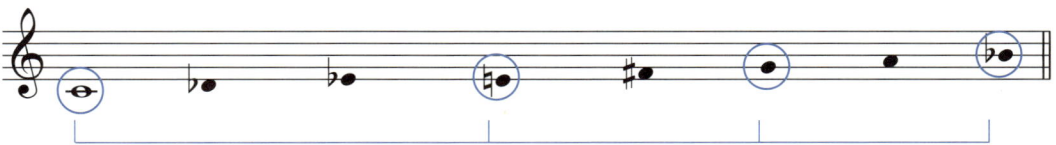

C HW dim Scale은 코드 구성음이 반음씩 붙어 있어 불협을 이루므로 C°7코드에 사용하지 않고, 스케일 속의 C7(도미넌트 세븐 코드)을 지나므로 도미넌트 세븐 코드의 스케일로 활용합니다.

## ⑥ 얼터드 스케일(Altered Scale)

먼저 '얼터드'(Altered)의 뜻을 알아봅시다. 얼터드는 '변형된', '바뀐', '변질된' '고친'의 의미를 담고 있습니다. 보통 C7의 도미넌트세븐 코드에서는 믹소리디안(Mixolydian)을 사용하는데 이런 보편적인 음계가 아닌 변형된 소리를 내고 싶을 때 사용하는 음계가 얼터드 스케일입니다.

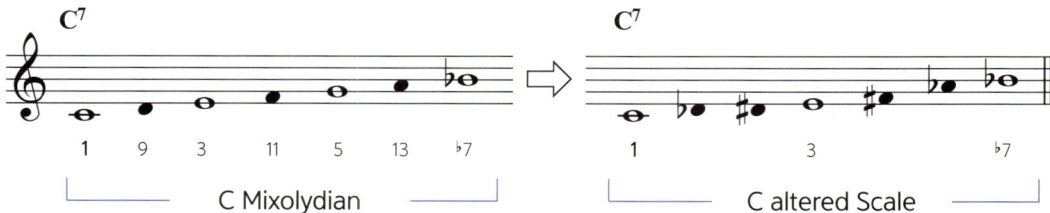

C7에서 코드를 지탱하는 1, 3, 7음을 그대로 두고 다이아토닉에 포함된 9, 11, 13이 아닌 ♭9, ♯9, ♯11, ♭13음을 사용한 스케일이 바로 얼터드 스케일입니다.

Dominant 7th Chord에서 변형되고 색다른 소리를 만들고 싶을 때 사용하며 코드에도 G7alt C7alt 등으로 표기합니다. 이렇듯 도미넌트 세븐 코드에 사용되는 스케일이어서 얼터드 도미넌트 스케일이라고 부르기도 합니다.


<외우는 방법>
① 도미넌트세븐 (1  3  7  ⊕  ♭9  ♯9  ♯11  ♭13)

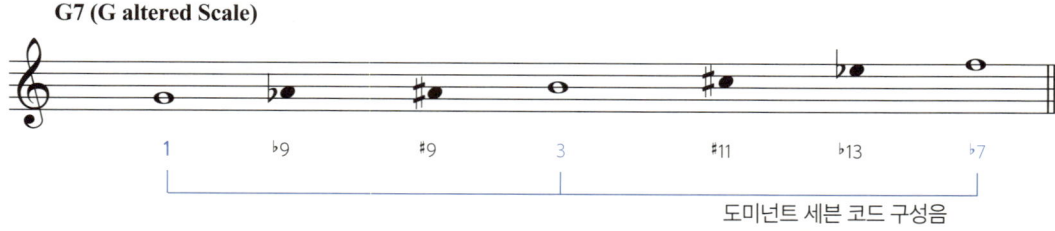

② 반음 온음 관계 (반 – 온 – 반 – 온 – 온 – 온)

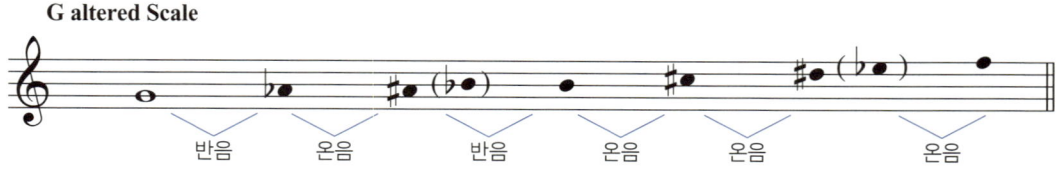

③ 반음 위의 멜로딕마이너

**G altered Scale**

Ab Mel. min Scale

G의 반음 위 Ab Melodic minor scale과 같습니다. 또 다른 의미로는 Mel.minor scale의 일곱 번째 음계라고 말할 수 있습니다.

**예시**　F altered Scale

① 방법

**F7**

1　♭9　♯9　3　♯11　♭13　♭7

② 방법 : 반 – 온 – 반 – 온 – 온 – 온

반음　온음　반음　온음　온음　온음

③ 방법 : F의 반음 위 F♯(G♭), Melodic minor Scale을 그린 후 근음 조정

F♯ Mel. min

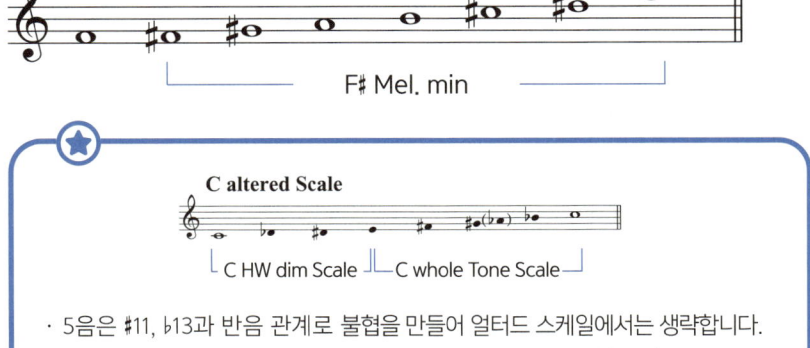

**C altered Scale**

C HW dim Scale　　C whole Tone Scale

· 5음은 ♯11, ♭13과 반음 관계로 불협을 만들어 얼터드 스케일에서는 생략합니다.
· 앞부분은 HW Dim. Scale, 뒷부분은 whole Tone Scale과 같습니다.

## <스케일 총정리>

| 스케일 이름 | Number | | | | | | |
|---|---|---|---|---|---|---|---|
| **7음음계** Major Scale (Ionian) | 1 | 2 | 3 | 4 | 5 | 6 | 7 |
| Natural minor (Aeolian) | 1 | 2 | ♭3 | 4 | 5 | ♭6 | ♭7 |
| Harmonic minor | 1 | 2 | ♭3 | 4 | 5 | ♭6 | 7 |
| Melodic minor (Jazz. minor) | 1 | 2 | ♭3 | 4 | 5 | 6 | 7 |
| Dorian | 1 | 2 | ♭3 | 4 | 5 | 6 | ♭7 |
| Phrygian | 1 | ♭2 | ♭3 | 4 | 5 | ♭6 | ♭7 |
| Lydian | 1 | 2 | 3 | ♯4 | 5 | 6 | 7 |
| Mixolydian | 1 | 2 | 3 | 4 | 5 | 6 | ♭7 |
| Locrian | 1 | ♭2 | ♭3 | 4 | ♭5 | ♭6 | ♭7 |
| **5음음계** Major Pentatonic | 1 | 2 | 3 |  | 5 | 6 |  |
| minor Pentatonic | 1 |  | ♭3 | 4 | 5 |  | ♭7 |
| **6음음계** Blues Scale | 1 |  | ♭3 | 4 | ♭5 5 |  | ♭7 |
| Whole-Tone Scale | 1 | 2 | 3 | ♯4 | ♯5 |  | ♭7 |
| **7음음계** Altered Scale | 1 | ♭2 ♭3 (♭9 ♯9) | 3 | ♯4 (♯11) |  | ♭6 (♭13) | ♭7 |
| **8음음계** Whole-Half Dim. Scale | 1 | 2 | ♭3 | 4 | ♭5 ♯5 | 6 | 7 |
| Half-whole Dim. Scale | 1 | ♭2 ♭3 | 3 | ♯4 | 5 | 6 | ♭7 |

## 문제

1. 다음 스케일을 오선 위에 그리세요.

① E Blues Scale

② F Whole Tone Scale

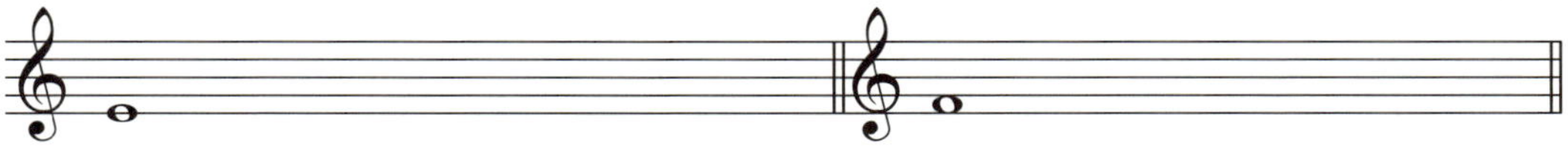

③ D Altered Scale

④ B♭ Major Pentatonic Scale

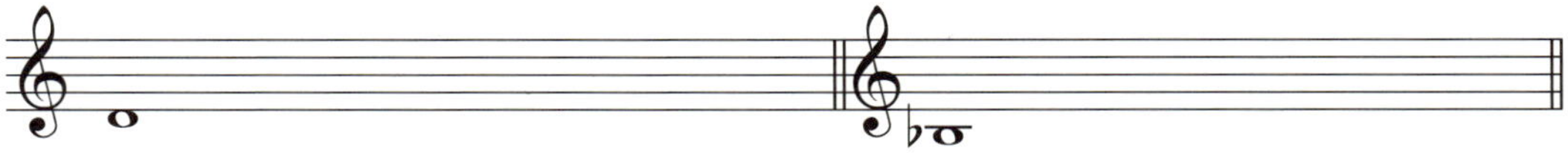

⑤ G Half-Whole Diminished Scale

⑥ A Whole-Half Diminished Scale

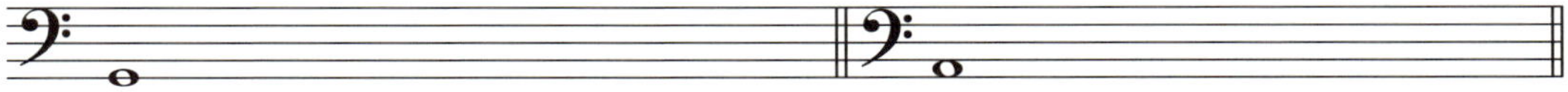

⑦ E minor Pentatonic Scale

⑥ A♭ Major Pentatonic Scale

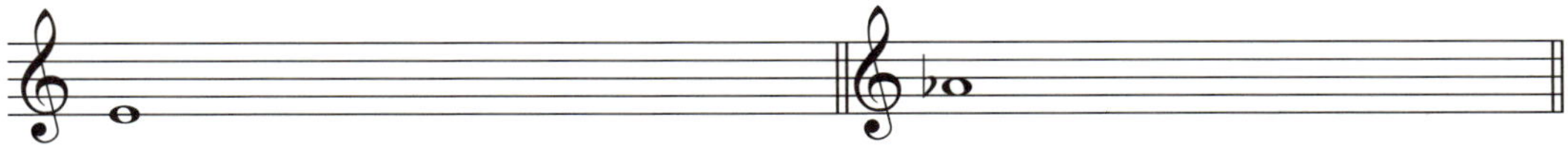

2. 다음 같은 으뜸음조 스케일의 이름을 쓰세요.

①

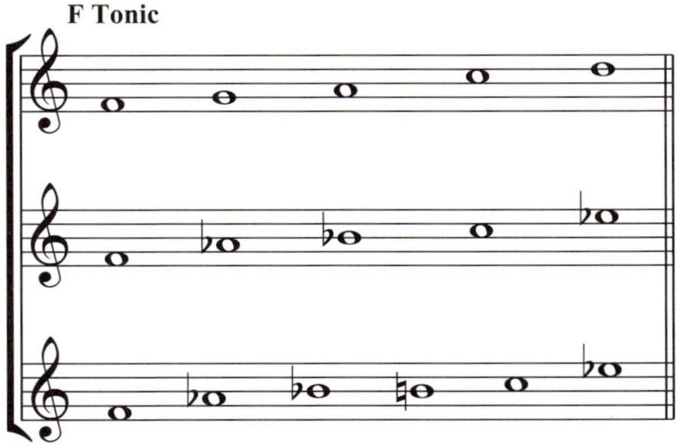


F Major Pentatonic Scale

② 

**E♭ Tonic**

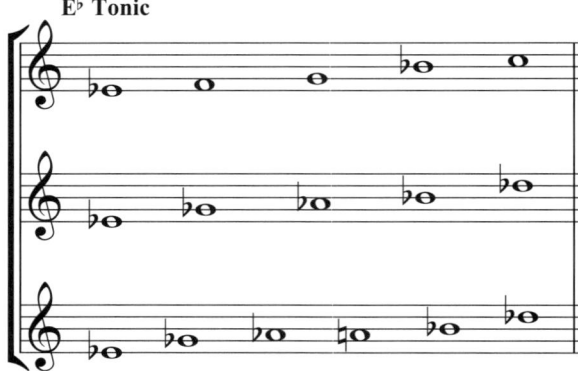

③

**C Tonic**

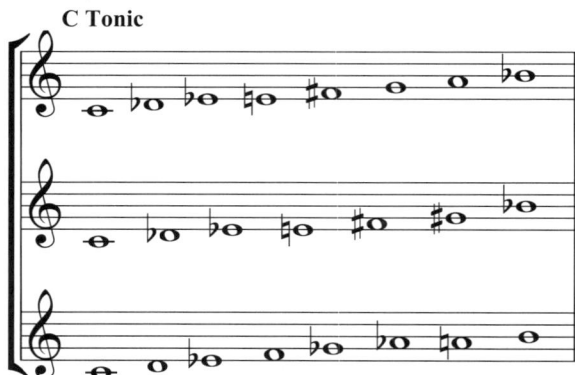

④

**G Tonic**

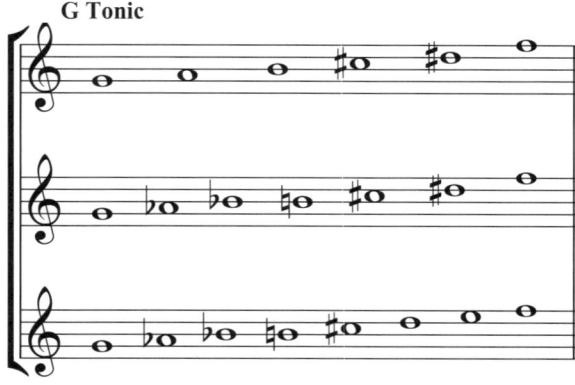

3. 다음 스케일의 이름을 쓰세요.

① 

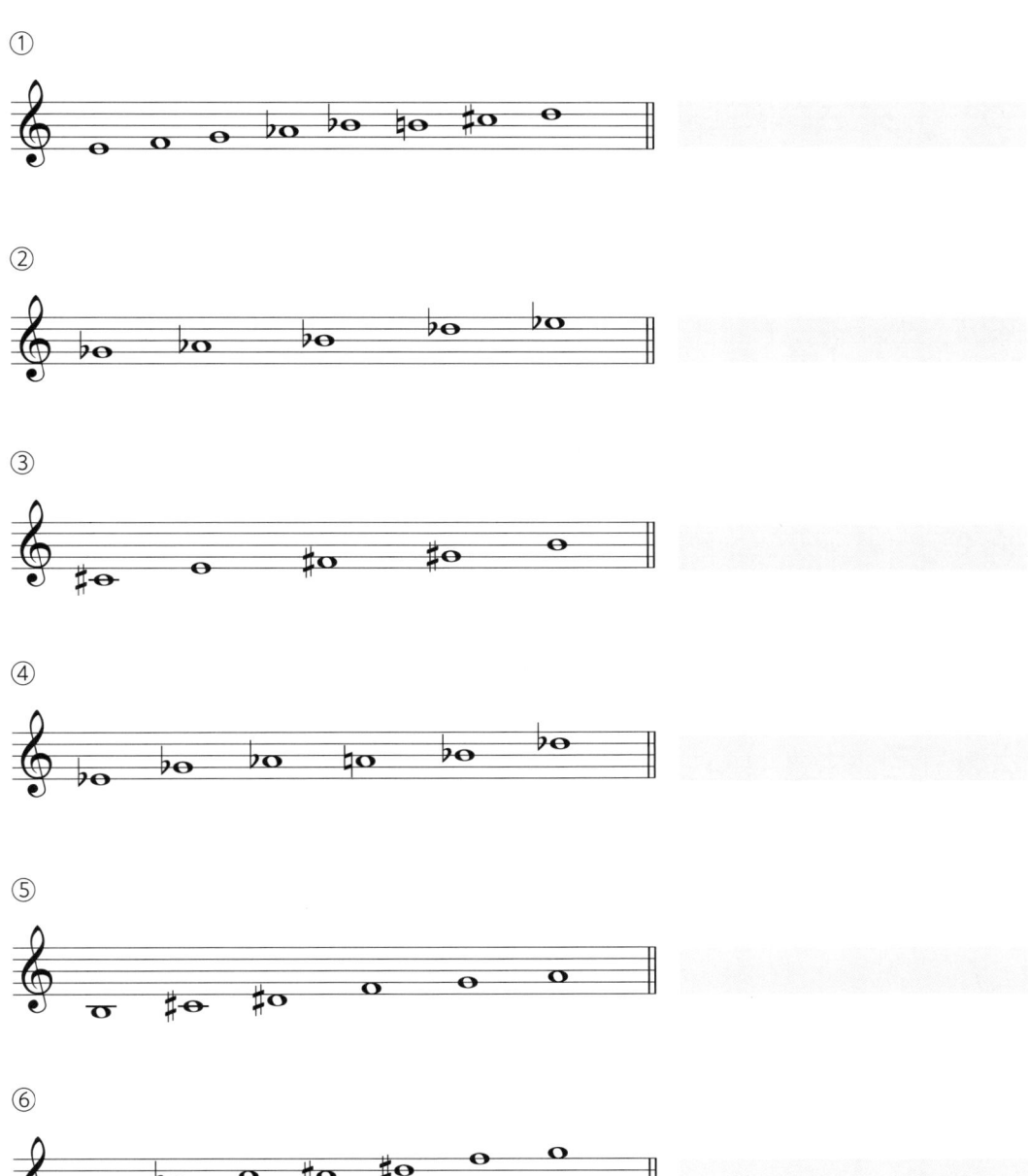

②

③

④

⑤

⑥

4. 다음 멜로디에 사용된 스케일의 이름을 쓰세요.(시작과 끝음이 Tonic, 으뜸음)

① 

D Whole Tone Scale

② 

③ 

④ 

⑤ 

⑥ 

## 해답편

Chapter 1　연습문제

### 15쪽

1. 다음 음표의 이름을 쓰세요.

| | | | | | | |
|---|---|---|---|---|---|---|
| 1) | E | C | A | A | F | B |
| 2) | A | B | D | F | E | G |
| 3) | D | A | F | A | C | G |
| 4) | B | G | C | C | D | F | C |

### 19쪽

1. 다음 음표의 이름을 쓰세요.

| | | | | | | |
|---|---|---|---|---|---|---|
| 1) | G | E♭ | F♯ | C♯ | B♭ | E♭ |
| 2) | A♭ | F♯ | E♭ | B♭ | D(C×) | D♯ |
| 3) | C♯ | G♭ | F♯ | D(E♭♭) | A | D♯ |

2. 다음 주어진 음이름을 오선 위에 그려보세요.

3. 다음 주어진 음의 이명동음을 그려보세요.

1. 다음 음표의 이름을 쓰세요.

   1) $\frac{3}{4}$        2) $\frac{4}{4}$ (C)     3) $\frac{2}{4}$        4) $\frac{6}{8}$

2. 다음 박자의 셈여림(강◎ 중강○ 약○)을 표시하세요.

   1) ◎ ○ ○ ○     2) ◎ ○ ○ ○ ○ ○     3) ◎ ○ ○

3. 다음 조표를 보고 장조의 조성을 쓰세요.

D Major          E♭ Major          E Major

F Major          A Major          A♭ Major

4. 다음 조성의 조표를 그려보세요.

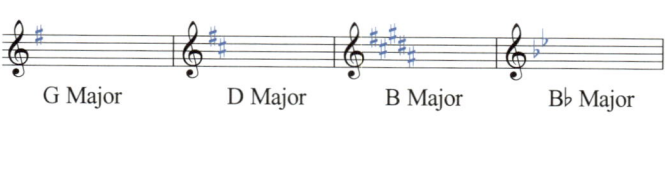

G Major     D Major     B Major     B♭ Major

E♭ Major     A Major     F Major     E Major

1. 다음 조표의 나란한조를 쓰세요.

F Major (바장조)
D minor (라단조)

B Major (나장조)
G♯ minor (올림사단조)

E♭ Major (내림마장조)
C minor (다단조)

G Major (사장조)
E minor (마단조)

2. 다음 조표의 조성을 쓰세요.

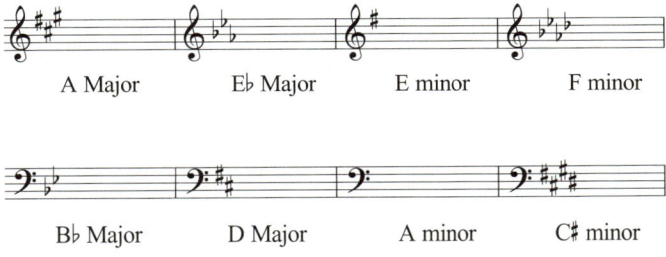

A Major    E♭ Major    E minor    F minor

B♭ Major    D Major    A minor    C♯ minor

3. 다음 조성을 보고 오선에 조표를 그리세요.

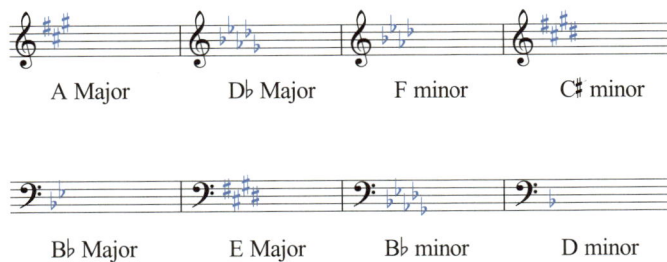

A Major    D♭ Major    F minor    C♯ minor

B♭ Major    E Major    B♭ minor    D minor

**34쪽**

1. 괄호(   ) 안에 알맞은 음악용어를 쓰세요.

2. 다음 악보에서 연주해야 하는 총 마디 수를 쓰세요.

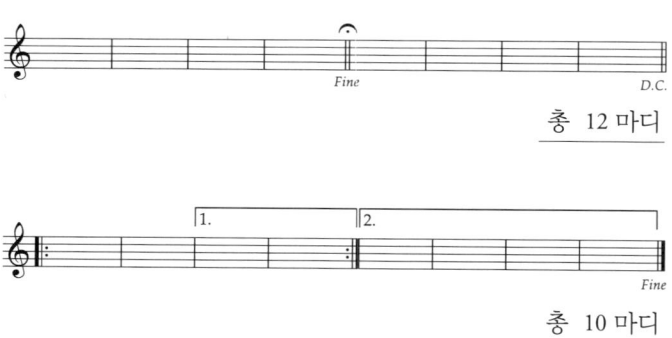

총  12 마디

총  10 마디

3. 다음 악보의 곡 연주 순서를 적으세요.

연주 순서 : A – B – A – C – D

---

● Chapter 2 　연습문제

## 49쪽

1. 다음 음악 기호의 명칭을 쓰세요.

① 2분음표(Harf Note)　② 점4분음표(Dotted Quarter Note)

③ 온쉼표(Whole Rest)　④ 8분쉼표(8th Rest)　⑤ 셋잇단음표(Triplet)

2. 다음 (　　) 안에 알맞은 음악 용어를 쓰세요.

① 절대음　② 상대음　③ 붙임줄　④ 옥타브　⑤ 쉼표

## 50쪽

3. 다음 멜로디의 각 음에 음이름을 적으세요.

D G A B C 　 D G G 　 E 　 C D E F♯ 　 G 　 G

C 　 D C B A 　 B 　 C B A G 　 A 　 B A G F♯ 　 G

**60쪽**

1. 주어진 음을 시작으로 하는 스케일을 적은 후 조표를 그리세요.

2. 다음 스케일의 이름을 쓰고, 반음 관계에 1/2표시( ∨ )하세요.

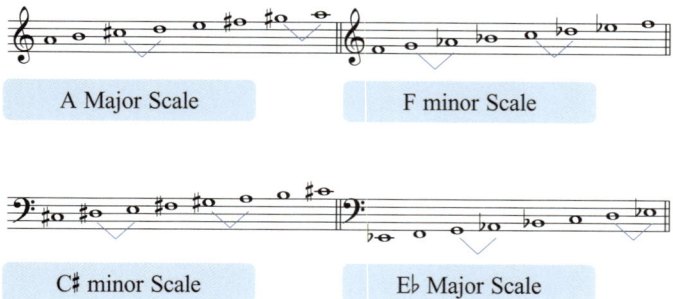

A Major Scale

F minor Scale

C♯ minor Scale

E♭ Major Scale

3. 다음 장음계(Major Scale)의 나란한조와 같은으뜸음조의 단음계(minor Scale)을 그리세요.

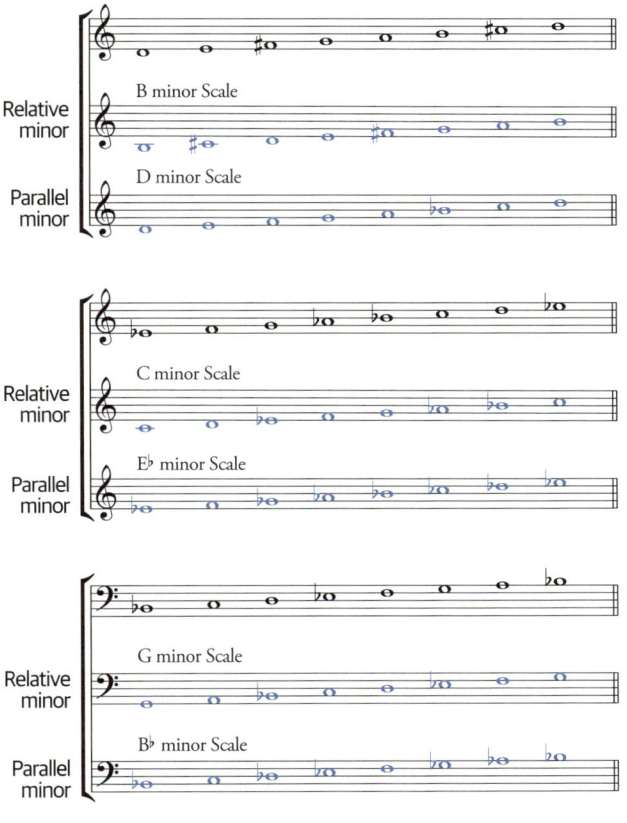

1. 오선에 알맞은 스케일을 그리세요.

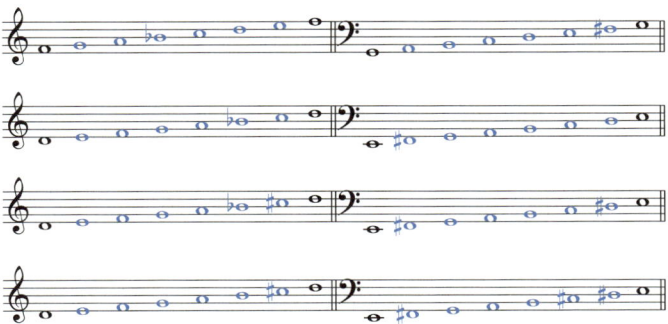

2. 오선에 알맞은 스케일을 그리세요.

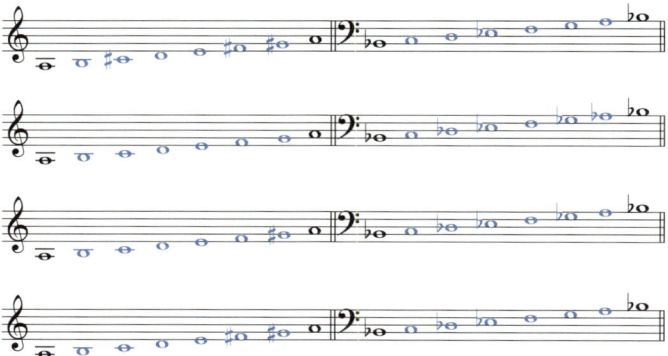

66쪽

3. 다음 표시된 음계의 이름을 쓰세요.

①  Eb Melodic minor Scale          ②  G Harmonic minor Scale

③  D Natural minor Scale           ④  B Major Scale

4. 다음 명시된 스케일의 음을 오선 위에 그리세요.

①

②

③

④

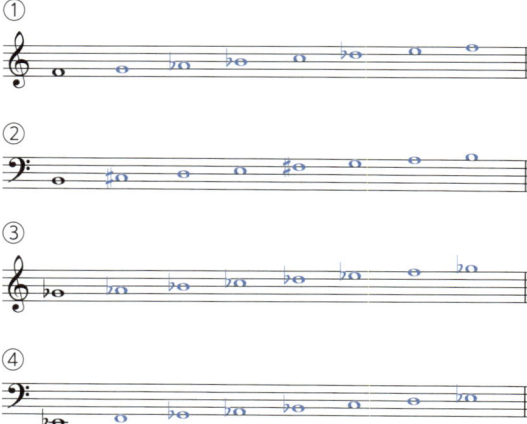

67쪽

5. 다음 멜로디에 사용된 스케일의 이름을 쓰세요. (끝음이 1음 'Do')

①  D Harmonic minor Scale         ②  E Melodic minor Scale

③  Ab Major Scale                 ④  Bb Natural minor Scale

**78쪽**

1. 다음 빈칸을 채워보세요.

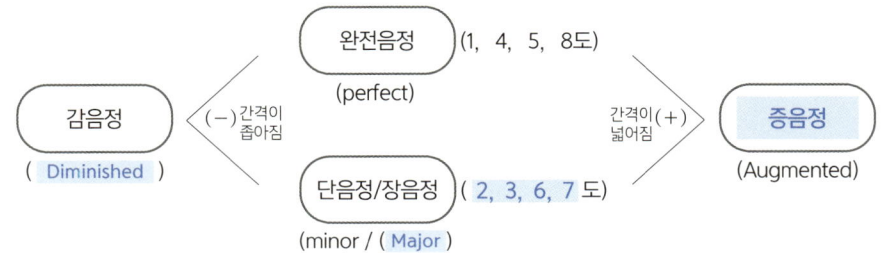

2. 다음 두 음의 음정 이름을 쓰세요.

① 장6도, 장3도, 장7도, 완전5도    ② 단2도, 완전4도, 완전8도, 증4도

③ 장2도, 단3도, 완전8도, 증4도    ④ 완전4도, 장2도, 장7도, 단7도

**79쪽**

3. 주어진 음을 밑음으로 하는 음정의 음표를 그리세요.

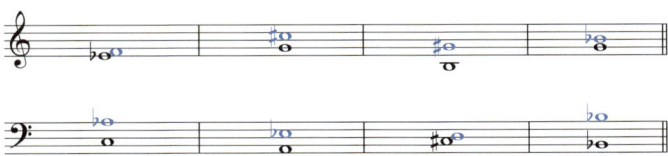

4. 다음 두 음의 음정 이름(복합음정)을 쓰세요.

① 증11도, 단9도, 장13도, 증9도        ② 단9도, 단13도, 완전11도, 단9도

5. 다음 두 음의 음정 이름(복합음정)을 쓰세요.

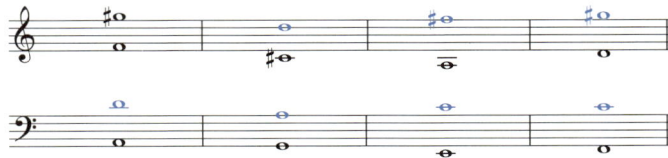

84쪽

1. 다음 화음의 코드이름을 쓰세요.

① D, G⁺, B♭sus4, B°    ② A°, F⁺, E°, Fsus4

③ Am, Fm, B♭⁺, G♭    ④ F♯°, C♯m, Dsus4, A♭⁺

84-85쪽

2. 코드 이름에 맞는 구성음을 오선에 그리세요.

3. 다음 전위코드를 오선 위에 그리세요.

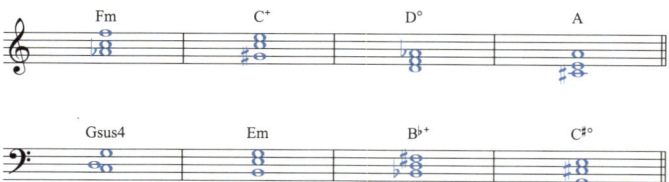

86쪽

4. 다음 코드 진행(voicing) 위에 코드 이름을 쓰세요.

① F  B°  | Dm  C  | B♭  B°  | F  C

② C  C♯°  | Dm  C  | B°  G⁺  | C

**91쪽**

1. 다음 화음의 코드이름을 쓰세요.(모두 기본형 Root Position)

① A6 │ B⁰⁷ │ Fsus4⁷ │ D⁺⁷    ② A♭m⁷ │ E⁰7 │ Cm(maj⁷) │ Gmaj⁷

③ Gmaj⁷ │ A♭7 │ Fm(maj⁷) │ E6    ④ Asus4⁷ │ F⁺maj⁷ │ E°⁷ │ C6

2. 코드 이름에 맞는 구성음을 오선에 그리세요.(Root Position으로 그리기)

**92쪽**

3. 다음 전위 코드를 오선 위에 그리세요.

4. 다음 전위 코드를 오선 위에 그리세요.

① Dm7  G7 │ Cmaj⁷  C#°⁷ │ Dm7  G⁺7 │ C6

② Cm7  D⁰⁷ │ G7  Cm6 │ A♭maj⁷  B♭7 │ B°⁷  Cm6

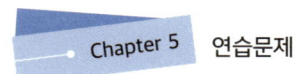 

## 102쪽

1. 다음 악보의 Diatonic Harmony의 코드 이름과 로마숫자 분석을 쓰세요.

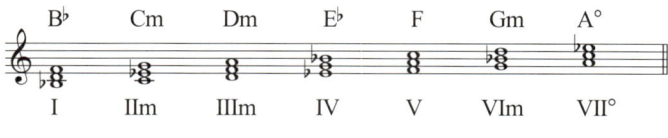

2. 다음 조표와 분석을 보고 알맞은 코드를 쓰세요.

① Dm7 | E7 | Cm7 | C#°          ② A♭maj⁷ | Cm7 | Bm7 | Emaj⁷

## 103쪽

3. 다음 코드 진행을 로마숫자로 분석하고 기능 Ⓣ ⓈⒹ Ⓓ을 쓰세요.

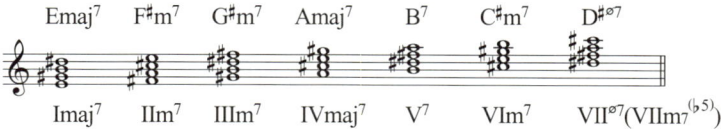

① 
| C | Dm | Fmaj⁷ | Em⁷ | Dm⁷ | G⁷ | B⁰⁷ | C |
|---|----|-------|-----|-----|-----|-----|---|
| I | IIm | IVmaj⁷ | IIIm7 | IIm7 | V7 | VII⁰⁷ | I |
| Ⓣ | ⓈⒹ | ⓈⒹ | Ⓣ | ⓈⒹ | Ⓓ | Ⓓ | Ⓣ |

② 
| B♭△⁷ | Am | Gm⁷ | Fmaj⁷ | Csus₄⁷ | C⁷ | F | |
|------|-----|-----|-------|--------|-----|---|---|
| IVmaj⁷ | IIIm | IIm7 | Imaj⁷ | Vsus4⁷ | V7 | I | |
| ⓈⒹ | Ⓣ | ⓈⒹ | Ⓣ | ⓈⒹ | Ⓓ | Ⓣ | |

③ 
| Gmaj⁷ | Cmaj⁷ | G | Em⁷ | Am⁷ | D⁷ | C/G | Gmaj⁷ |
|-------|-------|---|-----|-----|-----|-----|-------|
| Imaj⁷ | IVmaj⁷ | I | VIm7 | IIm7 | V7 | IV/5 | Imaj⁷ |
| Ⓣ | ⓈⒹ | Ⓣ | Ⓣ | ⓈⒹ | Ⓓ | ⓈⒹ | Ⓣ |

4. 다음 오선의 코드 진행 위에 코드 이름을 쓰고 로마숫자로 분석하세요.

① Cmaj⁷  Em7  │  Fmaj⁷  Am7  │  Gsus4⁷  G7  │  F/C  C

  Imaj⁷  IIIm7  │  IVmaj⁷  VIm7  │  Vsus4⁷  V7  │  IV/5  I

② B♭  E♭maj⁷  │  Dm7  Gm7  │  Cm7  F7  │  Aø⁷  B♭maj⁷

  I  IVmaj⁷  │  IIIm⁷  VIm7  │  IIm7  V7  │  VIIø⁷  Imaj⁷

109쪽

1. 다음 악보의 음계와 구성음을 보고 코드의 이름과 음계를 쓰세요.

E Melodic minor

A Harmonic minor

F Natural minor

110쪽

2. 다음 코드 진행을 로마숫자로 분석하세요.

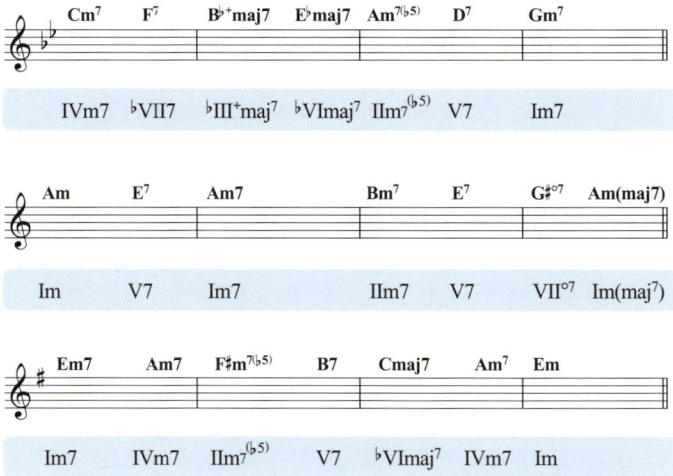

IVm7  ♭VII7  ♭III⁺maj⁷  ♭VImaj⁷  IIm7⁽♭5⁾  V7  Im7

Im  V7  Im7  IIm7  V7  VII°⁷  Im(maj⁷)

Im7  IVm7  IIm7⁽♭5⁾  V7  ♭VImaj⁷  IVm7  Im

### 121쪽

1. 다음 모드를 오선 위에 그리세요.

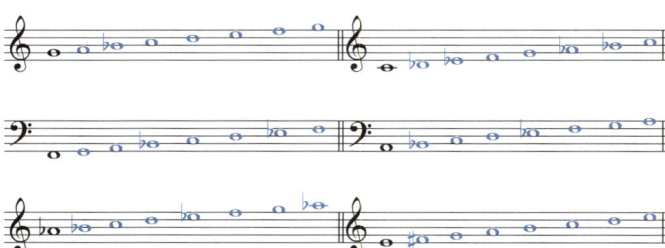

2. 같은으뜸음조의 Mode의 변화음을 찾고 모드의 이름을 쓰세요.

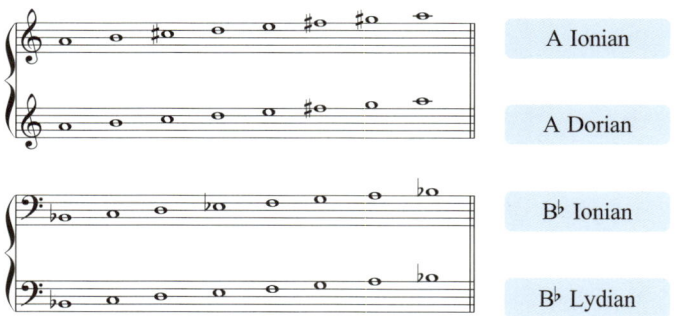

A Ionian

A Dorian

B♭ Ionian

B♭ Lydian

### 122쪽

3. 다음 모드의 이름을 쓰고 특징음에 ○표를 하세요

① D Locrian

② F♯ Aeolian

③ C Phrygian

④ E♭ Dorian

⑤ E♭ Lydian

⑥ A♭ Mixolydian

4. 다음 멜로디에 사용된 모드의 이름을 쓰세요. (시작과 끝음이 l음)

 ① G Dorian    ② A Lydian    ③ C Aeolian    ④ E Mixolydian

137쪽

1. 다음 스케일을 오선 위에 그리세요.

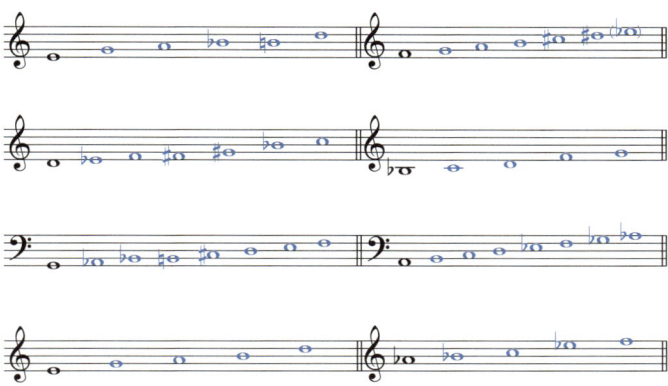

2. 다음 같은 으뜸음조 스케일의 이름을 쓰세요.

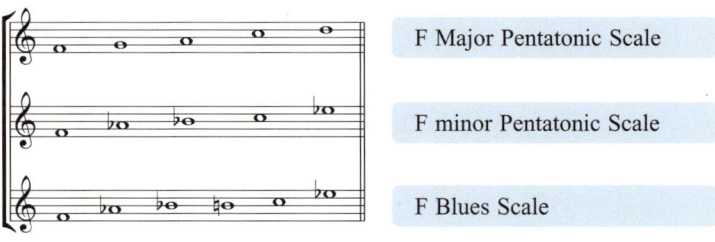

F Major Pentatonic Scale

F minor Pentatonic Scale

F Blues Scale

136쪽

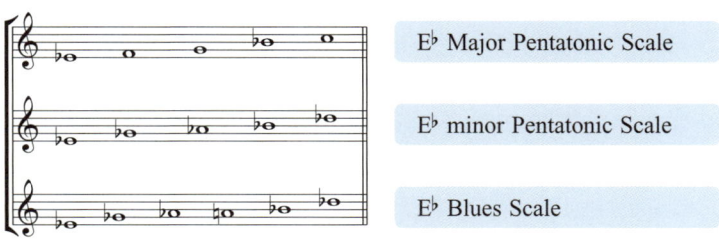

E♭ Major Pentatonic Scale

E♭ minor Pentatonic Scale

E♭ Blues Scale

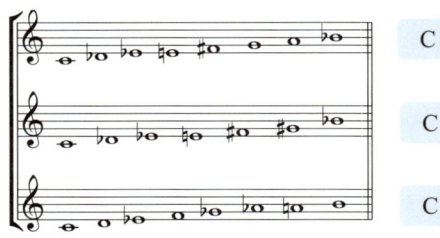

C Half-Whole Diminished Scale

C Altered Scale

C Whole-Half Diminished Scale

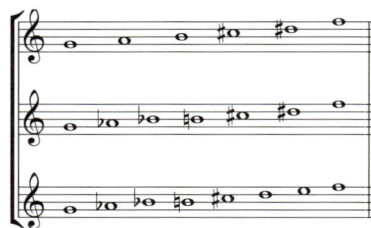

G Whole-Tone Scale

G Altered Scale

G Half-Whole Diminished Scale

**139쪽**

3. 다음 스케일의 이름을 쓰세요.

① E Half-Whole Diminished Scale

② G♭ Major Pentatonic Scale

③ C♯ minor Pentatonic Scale

④ E♭ Blues Scale

⑤ B Whole Tone Scale

⑥ A Altered Scale

**140쪽**

4. 다음 멜로디에 사용된 스케일의 이름을 쓰세요.

① D Whole Tone Scale

② A Major Pentatonic Scale

③ F Whole-Half Diminished Scale

④ G Half-Whole Diminished Scale

⑤ E minor Pentatonic Scale

⑥ F Blues Scale

Memo

Memo

Memo

Memo